L'AN
DIX-NEUF CENT VINGT-HUIT.

DE L'IMPRIMERIE DE CRAPELET,

RUE DE VAUGIRARD, N° 9.

L'AN
DIX-NEUF CENT VINGT-HUIT,

SCÈNES EN VERS,

PAR A. J. J. DE LA VILLE DE MIRMONT.

> « Faites, Sire, quelque sorte d'établissement impor-
> « tant qui rétablisse l'autorité et l'obéissance, et dans
> « l'esprit des hommes fiers et glorieux qui depuis quel-
> « ques années n'ont honoré la royauté qu'en peinture,
> « qui forment dans la monarchie des desseins de répu-
> « blique et des maximes de liberté populaire, pour s'en
> « prévaloir en leur particulier. »
>
> (OMER TALON, *Lit de Justice du 7 sept.* 1651.)

A PARIS,

CHEZ A. ALLOUARD, LIBRAIRE,

SUCCESSEUR DE P. DUFART ET DE G^l WARÉE,

21, QUAI VOLTAIRE.

1841.

L'AN
DIX-NEUF CENT VINGT-HUIT.

PREMIÈRE PARTIE.

SCÈNE I.

PERSONNAGES

DE LA SCÈNE PREMIÈRE.

VINCENT GRICHARD, Coiffeur.
VICTOIRE GRICHARD, sa femme.
VICTOR GRICHARD, son frère, Homme de lettres.
M. PITOIS, Professeur dans un Collége.
DOGARD, jeune Avocat.
CLUCHET, jeune Médecin.
COUTURIER, Homme de lettres.

La scène est à Paris dans la boutique de Vincent Grichard.

L'AN
DIX-NEUF CENT VINGT-HUIT.

PREMIÈRE PARTIE.
SCÈNE PREMIÈRE.

Boutique de Vincent Grichard.

VINCENT GRICHARD et VICTOIRE.

(Vincent lit, et sa femme travaille.)

VINCENT, lisant.

« Eh bien, dis-je à Circé, s'il est vrai que tu m'aimes,
« Jure-moi par le Styx, l'effroi des Dieux eux-mêmes,
« Que je suis à l'abri de tes enchantements.
« Dès qu'elle a prononcé ces terribles serments
« J'accepte le bonheur que m'offre une Déesse. »

Mme GRICHARD.

Le vilain homme!

VINCENT.

Ulysse?

Mme GRICHARD.

Oui. Tiens, je le confesse,

Je pleurais sur ses maux, sur ses adversités;
Mais à sa femme il fait des infidélités!...

VINCENT.

Oh! c'est affreux!

Mme GRICHARD.

Sans doute. Une épouse si tendre,
Et qui depuis vingt ans se morfond à l'attendre,
La trahir!

VINCENT.

Songe donc à ses cruels travaux.
Sans attirer sur lui quelques malheurs nouveaux
Pouvait-il dédaigner l'amour d'une immortelle?

Mme GRICHARD.

Pour vous autres, messieurs, c'est une bagatelle.

VINCENT.

Tu croirais?...

Mme GRICHARD.

Non, je sais combien tu me chéris;
Et le ciel m'a donné le meilleur des maris.

VINCENT.

A la bonne heure, au moins; c'est me rendre justice.

Mme GRICHARD.

Continue, et voyons ce que devient Ulysse.
As-tu le temps?

VINCENT.

Sans doute, il n'est pas encor tard.

(Il lit.)

« Quatre nymphes alors.... »

Les précédents, M. PITOIS.

PITOIS.
Bonjour, mon cher Grichard.

VINCENT.
Eh! c'est monsieur Pitois!

PITOIS.
Oui, Vincent, c'est moi-même,
Votre vieux professeur.

VINCENT.
Ah! ma joie est extrême....

PITOIS.
Et la petite femme, elle va bien?

Mme GRICHARD.
Merci,
Monsieur Pitois, fort bien.

PITOIS.
Allons, tant mieux.

VINCENT.
Ici
Nous ne vous voyons plus; vous devenez d'un rare....

PITOIS.
C'est que je me fais vieux; du temps je suis avare;
Je travaille beaucoup.

VINCENT.
Mais du pays latin
Qui vous fait aujourd'hui descendre si matin?

PITOIS.
Une affaire importante.

VINCENT.

Oh! vraiment, je le pense.

PITOIS.

J'ai résolu, mon cher, de me mettre en dépense.

VINCENT.

Vous, monsieur Pitois?

PITOIS.

Oui. Pour moi c'est un devoir.

VINCENT.

Un devoir? et comment?

PITOIS.

Vous allez le savoir.
Au Collége bientôt nous avons grande fête;
Les prix!

VINCENT.

Jour de bonheur, de gloire, de conquête!

PITOIS.

Comme c'est moi qui dois prononcer le discours,
Je veux soigner un peu ma toilette; et j'accours
Réclamer vos talents et les mettre à l'épreuve.
Je prétends me donner une perruque neuve.

VINCENT.

Eh bien, prenons mesure.

PITOIS, *pendant qu'on lui prend mesure.*

Ah çà! mon cher Vincent,
Pas de colifichet; du grave, du décent.

VINCENT.

Je sais ce qu'il vous faut.

PITOIS.

Nous aurons le Grand Maître,

Le Premier président, des Ministres peut-être !....
Un auditoire illustre, et surtout éclairé.
Mais ne lisiez-vous pas lorsque je suis entré?

####### VINCENT.

Oui, je fais quelquefois la lecture à Victoire,
Pendant qu'elle travaille.

####### PITOIS.

Ah! c'est bien. J'aime à croire
Qu'on ne voit pas chez vous ces romans corrupteurs...

####### VINCENT.

Je ne lis et je n'ai que mes anciens auteurs.
A s'instruire surtout ma femme est empressée;
Et je lui traduisais un chant de l'Odyssée.

####### PITOIS.

Du grec, mon cher enfant! du grec! embrassez-moi.
De vos loisirs tous deux c'est faire un digne emploi.
Eh bien, en ce moment, vous comprenez, j'espère,
Tout ce que vous devez à votre brave père?
Il n'a rien épargné pour votre instruction.

####### VINCENT.

Je rends toute justice à son intention.
Artisan sans culture, il a pensé sans doute
Du bonheur à ses fils ouvrir ainsi la route;
Mais il s'est bien trompé! Plût à Dieu qu'aujourd'hui
Mon frère et moi fussions ignorants comme lui!
Et qu'au lieu du collége on nous eût.....

####### PITOIS.

Quel blasphème!
Pouvez-vous!....

VINCENT.
Écoutez, et jugez-en vous-même.
Moi, sans ambition, malgré tout mon savoir,
De mon père j'ai pris le peigne et le rasoir;
L'homme ennoblit l'état : au rang le plus infime,
J'ai trouvé le bonheur, et mérité l'estime;
Et l'éducation, sans enfler mes désirs,
A rehaussé mon cœur, et charme mes loisirs.
Mais mon frère!... ah! ses vœux, ses goûts, ses habitudes
Me désespèrent!... Fier d'avoir fait ses études,
Voyant dans un métier un méprisable appui,
Tout travail manuel est au-dessous de lui;
L'écrivain, l'orateur, voilà ceux qu'il honore :
La soif de parvenir nuit et jour le dévore;
Nul homme ne l'égale en son opinion;
Par ses talents, dit-il, par son instruction,
La route des grandeurs lui doit être aplanie.
Et comme de nos jours quelques gens de génie,
Écrivains ou savants, magistrats ou guerriers,
Partis des derniers rangs, sont montés aux premiers,
Il croit que même gloire est due à son mérite;
Sa longue obscurité le fatigue et l'irrite....
Que dis-je? à vingt-cinq ans à peine parvenu,
Il ne peut supporter d'être encore inconnu;
Des places qu'il convoite il hait les titulaires;
Il regrette le temps des excès populaires,
Pensant qu'alors le trouble et la confusion
Ouvriraient quelque voie à son ambition.
Voilà quel est Victor, quelle est sa destinée.
Cette éducation que l'on nous a donnée,

Exaltant son orgueil, l'a rendu malheureux,
Et peut-être en a fait un homme dangereux.

PITOIS.

Je comprends vos douleurs et vos inquiétudes.
Oui, vous avez raison, oui, les hautes études
A tous également ne sauraient convenir ;
On les prodigue trop : dans un prompt avenir
Peut-être on en verra les résultats funestes.
Peu de gens, comme vous, dans leurs vœux sont modestes....
Mais laissons tout cela. Veuillez m'apprendre encor
Ce que fait maintenant, ce que devient Victor.

VINCENT.

Avec lui j'ose à peine aborder ce chapitre ;
Mais tout ce que je sais, c'est qu'il a pris le titre
D'homme de lettres.

PITOIS.

   Bon ! c'est un titre banal.
Et quel genre...?

VINCENT.

   Il écrit, je crois, dans un journal.

PITOIS.

A son âge? comment ! sans nulle expérience....

VINCENT.

Qu'importe?

PITOIS.

   En moi jadis il avait confiance ;
Eh bien, je veux le voir; un moment d'entretien
Pourra sur son esprit....

VINCENT.

   Vous n'en obtiendrez rien.
D'artisans, avec nous élevés au collége,

Sa vanité s'entoure et se fait un cortége ;
Dogard, Morel, Cluchet et dix autres encor
A se croire un génie encouragent Victor.
Tous ces messieurs entre eux se vantent, se soutiennent ;
Dans leurs prétentions l'un l'autre ils s'entretiennent ;
Ils veulent des honneurs, des clients, des emplois,
Et de leur non-succès ils accusent nos lois ;
Leur dépit voit partout l'intrigue et l'arbitraire ;
Ennemis du pouvoir.... Mais j'aperçois mon frère.

PITOIS.

Tant mieux !

Les précédents, VICTOR GRICHARD.

VICTOR.

Bonjour Vincent, bonjour petite sœur....
Je ne me trompe pas ! notre ancien professeur !

PITOIS.

Oui, mon enfant.

VICTOR.

Croyez au bonheur que j'éprouve....

PITOIS.

Moi-même avec plaisir ici je vous retrouve.

VINCENT, à sa femme.

Tu sors ?

Mme GRICHARD.

Oui ; mon ménage....

VINCENT.

Oh ! va ; pas de façons.

(Mme Grichard sort, et Vincent se met à travailler de son état.)

VICTOR.

Combien nous devons tous à vos doctes leçons !
Vous étiez notre ami ; que de fois votre bouche.....

PITOIS.

Parlons de vous plutôt, c'est là ce qui me touche :
Vous savez que mon cœur est à vous tout entier.
Voyons, que faites-vous ? quel est votre métier ?

VICTOR.

Un métier ?

PITOIS.

Oui, lequel ?

VICTOR.

Vous ne m'estimez guère !
Être un simple ouvrier, un artisan vulgaire !
Fi donc !

PITOIS, montrant Vincent.

Oubliez-vous devant qui vous parlez ?

VICTOR.

Ah ! mon frère !.... sois sûr....

VINCENT.

Allez, messieurs, allez ;
Je n'entends rien.

VICTOR.

Pardon !.... je t'aime, te respecte....

VINCENT.

Oui, ta langue toujours n'est pas très-circonspecte ;
Mais je ne t'en veux pas.

VICTOR.

Mon bon Vincent !

VINCENT.

C'est bien.
Avec monsieur Pitois reprends ton entretien.

VICTOR.

Quel cœur!

PITOIS.

Nous disions donc....

VICTOR.

C'est le meilleur des hommes!

PITOIS.

Un métier vous déplaît, n'est-ce pas?... oui, nous sommes
Du rang où nous naissons presque tous mécontents....
Mais alors à quoi donc passez-vous votre temps?

VICTOR.

En ce moment je fais de la littérature.

PITOIS.

Et vous rêvez déjà votre gloire future?...
Mais le chemin est rude, épineux; en un mot,
Il faut de grands talents.

VICTOR.

Je ne suis pas un sot.

PITOIS.

Cela ne suffit pas, non; dans cette carrière,
Même l'homme d'esprit souvent reste en arrière;
Les lettres n'ont pour lui qu'un triste résultat.

VICTOR.

Je ne veux pas non plus en faire mon état.

PITOIS.

Alors....

VICTOR.

Il fallait vivre; ensuite, mon cher maître,

C'était le sûr moyen de me faire connaître ;
Mais les brillants succès que mon talent me vaut
Ne sont qu'un marche-pied pour arriver plus haut.

PITOIS.

Comment donc ?

VICTOR.

Avec vous librement je m'explique :
Je me suis consulté ; la haute politique
Est ma vocation, ma spécialité.
Et déjà, si chez nous régnait l'égalité,
Si le mérite seul marquait la différence,
Dans un poste élevé je servirais la France.

PITOIS.

Vous, mon ami ?

VICTOR.

Moi-même. On trouve à chaque pas
Des administrateurs qui ne me valent pas.

PITOIS.

Quoi ! vous prétendriez ?...

VICTOR.

Pourquoi non, je vous prie ?
L'homme supérieur se doit à sa patrie,
Et de ma force, moi, j'ai la conviction.
Qui pourrait étouffer ma noble ambition ?
Ma naissance ? mais quoi ! de l'ère féodale
Nos ancêtres jadis ont tari le scandale,
Ils ont détruit des noms l'insolent préjugé ;
Depuis cent cinquante ans c'est un procès jugé :
L'homme vaut aujourd'hui par l'éclat dont il brille ;
Son droit c'est son mérite, et non pas sa famille ;

Et du génie enfin dès qu'il tient son mandat,
Le fils d'un perruquier peut gouverner l'État.
Laissons donc la naissance. Est-il quelque autre obstacle?
Mon âge? Ah! regardez quel imposant spectacle
Offre des jeunes gens la mâle austérité!
Ils passent de l'enfance à la maturité.
Des folles passions la jeunesse affranchie,
Est aujourd'hui morale, instruite, réfléchie :
Elle a de l'énergie et de la profondeur,
Et peut seule au pays rendre un jour sa splendeur.
Oui, cette vanité nous doit être permise :
Voyez à quelles mains la puissance est commise!
Ces gouvernants, sans but, et cherchant leur chemin,
Ignorant aujourd'hui ce qu'ils feront demain ;
Que l'on voit, accablés d'un pouvoir éphémère,
Fils d'une coterie, obéir à leur mère;
Sur *le banc de douleur* complaisamment assis;
Qui se disent prudents, quand ils sont indécis;
Ministère rampant, sans dignité, sans force;
Arbre vide de cœur, et qui n'a que l'écorce!
Voilà par quelles gens nous sommes gouvernés!
Et leur droit au pouvoir c'est qu'ils sont nos aînés!
Nous avons vingt-cinq ans!... Vingt-cinq ans! mais c'est l'âge
Des nobles passions, des vertus, du courage;
C'est l'âge où du devoir on comprend la rigueur,
Où le corps et l'esprit ont toute leur vigueur!...
Vingt-cinq ans!... mais nous seuls nous aimons la patrie,
Nous fuyons des partis la honteuse industrie;
Seuls de notre pays nous voulons la grandeur :
L'âge mûr est avide, intrigant, sans pudeur;

Et ce n'est plus enfin, à l'époque où nous sommes,
Que chez les jeunes gens qu'on trouve encor des hommes.

PITOIS.

Cette chaleur me plaît, je dois en convenir.
A votre âge on voudrait rapprocher l'avenir;
De gloire impatient, tout retard est funeste...
Mais il faudrait du moins être un peu plus modeste;
Ne pas croire, emporté par d'aveugles élans,
Que la soif du pouvoir en donne les talents.
Chez vous la confiance est entière, infinie :
Tout homme ambitieux croit avoir du génie....
Pardonnez; ce langage est dur, je le sais bien,
Mais je vous aime trop pour vous déguiser rien.

VICTOR.

Parlez; le bienfaiteur, l'ami de mon enfance
Peut tout dire, monsieur, sans que je m'en offense.

PITOIS.

Eh bien, je vais poursuivre; il le faut, je le doi :
Vous ouvrir tout mon cœur est un besoin pour moi.
Admettons, j'y consens, que je vous calomnie,
Que vous avez vraiment les talents, le génie
Qui font l'homme d'État et l'administrateur;
Je vous accorde encor qu'un hasard protecteur
Vous fasse surmonter les obstacles sans nombre
Qu'un jeune homme ignoré, qui vit seul et dans l'ombre,
Qu'on n'a vu nulle part, que l'on ne connaît pas,
Dès qu'il veut s'élever rencontre sur ses pas;
Supposons, en un mot, qu'au gré de votre envie
Le pouvoir au grand jour place enfin votre vie,
Qu'il répande sur vous son éclat dangereux....

Croyez-vous, mon enfant, en être plus heureux?
Et qu'au joug des grandeurs ne pouvant vous soustraire,
Vous n'envîrez jamais le sort de votre frère?
Que de nuits sans sommeil! de soucis! de travaux!
En butte à vos amis bien plus qu'à vos rivaux,
Un oubli les irrite, un refus les éloigne;
L'intérêt dicte seul l'amour qu'on vous témoigne;
A combattre, à lutter vous consumez vos jours;
Au faîte des honneurs, vous désirez toujours;
Les journaux aux brocards livrent votre personne;
Le peuple à tout propos vous blâme et vous chansonne;
Et quand l'ambition, cuirassant votre cœur,
De ces nombreux dégoûts vous a rendu vainqueur,
Une crise survient, votre pouvoir s'écroule,
Et vous êtes alors rejeté dans la foule.

VICTOR.

Eh bien, un doux loisir....

PITOIS.

Gardez de le penser :
Qui goûta du pouvoir ne peut plus s'en passer.
Vous viviez au milieu du trouble et de l'intrigue,
Maintenant de son poids le repos vous fatigue;
Vous voulez à tout prix reprendre encor vos fers;
Vous aspirez aux maux que vous avez soufferts;
Consumé de regrets, d'ennui, d'inquiétude,
Autour de vous, en vous, tout n'est que solitude;
L'image du pouvoir constamment vous poursuit;
Vous y pensez le jour, vous y rêvez la nuit;
Pour en jouir encor tout vous est légitime;
Et bientôt on vous voit, imprudente victime,

Du but par vos efforts essayant d'approcher,
Et Sisyphe nouveau pousser votre rocher....
Qui vous échappera près d'atteindre le faîte,
Et peut en retombant écraser votre tête.
Ah! croyez-moi, restez dans votre obscurité :
Le bonheur vaut bien mieux que la célébrité!

VICTOR.

D'un ami véritable, oui, voilà le langage;
Du plus tendre intérêt ces conseils sont le gage :
A ce titre, de vous j'aime à les recevoir;
Mais les suivre, monsieur, n'est pas en mon pouvoir.
Non, vos sages avis ne peuvent me convaincre;
C'est un entraînement que je ne saurais vaincre.
Le bonheur, dites-vous!.... Est-ce donc du bonheur
Que végéter obscur, sans renom, sans honneur?
Qu'importe de subir des fortunes diverses?
D'essuyer des ennuis, des dégoûts, des traverses?
Demeurer inconnu voilà mon seul effroi :
Les luttes, les combats ont des charmes pour moi.
D'un espoir dévorant mon âme est enflammée;
J'ai besoin de succès, d'éclat, de renommée;
J'ai besoin que ma gloire ait de nombreux témoins;
Et si je tombe après, j'aurai monté du moins!

PITOIS.

Insensé!

VINCENT.

Pauvre frère! Eh! laisse là tes rêves.

Les précédents, DOGARD, CLUCHET.

PITOIS, voyant entrer Dogard et Cluchet.

Vincent, quelqu'un.

VINCENT.

Encor de vos anciens élèves.

PITOIS.

Vraiment?

VINCENT.

Dogard, Cluchet.

PITOIS.

Il me semblait aussi
Que ces figures-là....

DOGARD.

Tiens! Victor est ici.

CLUCHET.   (A Victor.)

Déjà? Bonjour, Vincent. Mon cher, en ton absence....

VINCENT.

Messieurs, voici quelqu'un de votre connaissance.

DOGARD.

Eh! le père Pitois!

CLUCHET.

Lui-même, sur ma foi!
Je suis....

DOGARD.

Vous rencontrer est un bonheur pour moi.

PITOIS.

Mes chers enfants, ma joie à la vôtre est pareille.

CLUCHET.

C'est qu'il est toujours jeune; il se porte à merveille.

PITOIS.
Pas trop.
DOGARD.
Comment?
PITOIS.
Des ans il faut subir l'affront :
La tête est bonne encor, mais les jambes s'en vont.
CLUCHET.
Je le crois bien ; toujours appliqué, sédentaire,
Vous ne sortez jamais.
PITOIS.
Oui, je ne puis le taire,
Mon état, mes devoirs m'occupent tout entier.
DOGARD.
Tant pis.
VICTOR, à son frère.
Vincent, as-tu de l'encre et du papier?
VINCENT.
Là, sur la table.
VICTOR.
Bon.
(Victor écrit, et Vincent se remet à son ouvrage.)
CLUCHET.
Faites plus d'exercice.
PITOIS.
Du temps perdu ; d'ailleurs il faut que tout finisse.
Mais vous, mes chers enfants, apprenez-moi d'abord
Si vous êtes tous deux contents de votre sort.
DOGARD.
Non, vraiment !

CLUCHET.
Il s'en faut.
PITOIS.
Une telle réponse
M'afflige..... Dites-moi, votre mise m'annonce
Que vous ne suivez pas l'état de vos parents?
DOGARD.
Parbleu!
CLUCHET.
Tous les états sont fort indifférents;
Mais on n'a pas, monsieur, fait à fond ses études,
Du monde on n'a pas pris le ton, les habitudes,
Pour labourer la terre ou tirer le cordon.
PITOIS.
Il vaudrait mieux pour vous peut-être... mais pardon...
Poursuivez; quel destin est aujourd'hui le vôtre?
DOGARD.
Nous végétons encor, inconnus l'un et l'autre :
Cluchet est médecin, moi je suis avocat.
PITOIS.
Eh bien, n'avez-vous pas un honorable état?
DOGARD.
Ah! l'honneur sans profit n'est qu'une bagatelle;
Nous avons des talents, mais pas de clientèle.
PITOIS.
Les plus grands médecins, les avocats fameux
Ont ainsi commencé, vous finirez comme eux.
CLUCHET.
Non, monsieur; les doyens nous ferment la carrière:
Leur ligue à nos succès oppose une barrière;

La plupart ne sont pas plus habiles que nous,
Et des jeunes talents ils se montrent jaloux.

PITOIS.

Allons!

DOGARD.

Il a raison. La vieillesse est tenace.
Puisqu'ils ont fait leur temps, qu'ils nous cèdent la place;
Chacun son tour; rester, c'est voler notre bien :
A quarante-cinq ans on n'est plus bon à rien.

PITOIS.

En vous remerciant.

DOGARD.

Oh! vous, c'est autre chose.

PITOIS.

Quoi! vous ne voyez pas la véritable cause
Qui, trompant votre espoir, rend vos progrès si lents?
(Car je suppose en vous le savoir, les talents.)
D'avocats, de docteurs c'est que Paris fourmille;
C'est que la vanité règne en chaque famille;
Et que, fier de son fils, le plus humble ouvrier
Veut qu'il porte la robe au lieu du tablier.
Des écoles aussi sortant par myriades,
Vous voulez votre part de plaideurs, de malades;
La proie est trop petite; et lorsqu'on est enfin
Tant de consommateurs, on doit mourir de faim.
Votre savoir vaut-il le bonheur qu'il vous ôte?

DOGARD.

Au Gouvernement seul imputez-en la faute.
Nous avons des talents et de l'instruction,
Et dès lors il nous doit une position;

Il nous la faut.

PITOIS.

Comment?

DOGARD.

Il ne m'importe guère.
Ou le trouble ou le calme, ou la paix ou la guerre,
S'il me conduit au but, tout chemin m'est égal.

CLUCHET.

Il faut des changements, c'est le vœu général.

PITOIS.

Quoi! messieurs....

DOGARD.

Je le vois, un tel discours vous choque;
C'est clair, vous n'êtes pas au niveau de l'époque,
Vous êtes d'autrefois; brave homme, mais.... voilà.

PITOIS.

Des changements!

CLUCHET.

Sans doute; il faut en venir là:
Notre malheur obscur nous pèse et nous irrite.
Tenez, voyez Victor, un garçon de mérite,
Plein de génie, eh bien, on le laisse en oubli.

DOGARD.

Que deviendrions-nous sans monsieur Ducroisy?

PITOIS.

Qui donc?

CLUCHET.

Un homme riche et d'un beau caractère;
Ami de la jeunesse; il est propriétaire
D'un journal répandu, dont partout on fait cas.

DOGARD.

Les jeunes médecins, les jeunes avocats
Par lui sont protégés; il nous aide, il nous loue.
Aussi de corps et d'âme à lui je me dévoue.

CLUCHET.

D'un malade en danger je lui dois le bienfait.

DOGARD.

Et de mon plaidoyer quel éloge il a fait!

PITOIS.

Vous avez plaidé donc?

DOGARD.

Une fois, aux assises.

CLUCHET.

L'avocat général n'a dit que des sottises.
De ta puissante voix tu l'as pulvérisé,
Et tu n'es rien! lui seul il est favorisé!
Au Palais comme ailleurs c'est le sot qui prospère.

DOGARD.

Nous aurons notre tour, et dans peu, je l'espère,
Notre règne viendra.

PITOIS.

Comment l'entendez-vous?

CLUCHET.

Nous sommes las du joug qu'on fait peser sur nous;
Le vil métier de serfs enfin nous importune;
Nous voulons des plaisirs, un rang, de la fortune;
Et nous les obtiendrons.

PITOIS.

Encor, par quel moyen?

DOGARD.

Mon cher monsieur Pitois, vous n'y comprenez rien.

PITOIS.

Au contraire, je crains de trop bien vous comprendre.

CLUCHET.

Ah! voici Couturier.

DOGARD.

Que va-t-il nous apprendre?

Les précédents, COUTURIER.

COUTURIER.

Serviteur aux amis.

VICTOR, se levant.

Avons-nous du nouveau?

COUTURIER.

Pas que je sache, non; mais nous marchons.

DOGARD.

Bravo!

COUTURIER.

Vous marchez, veux-je dire... Oui, messieurs, je persiste
A ne m'en pas mêler.

CLUCHET.

Quoi! toujours égoïste?

COUTURIER.

Bah! tout le monde l'est; et vous autres surtout!
Ma plume me suffit, je vis selon mon goût:
J'écris pour les journaux, j'écris pour les libraires,
J'écris pour tout le monde, et je fais mes affaires.

De plaisirs seulement je suis ambitieux.
DOGARD.
Tu ne seras jamais un grand homme.
COUTURIER.
Tant mieux.
VICTOR.
Et la loi?
COUTURIER.
Dans deux jours elle sera votée.
VICTOR.
Tu crois?
COUTURIER.
Les Députés déjà l'ont adoptée;
Il suffit.
CLUCHET.
Cette loi prépare nos succès.
DOGARD.
Et l'aristocratie a perdu son procès.
VICTOR.
Ce n'est qu'un premier pas, mais il ouvre la route.
PITOIS.
Quelle est donc cette loi?
DOGARD.
Vous ignorez?...
PITOIS.
Sans doute.
DOGARD.
Comment! c'est un triomphe immense, essentiel :
Égalité pour tous, suffrage universel.
PITOIS.
Je ne vous comprends pas; parlez, que signifie....

DOGARD.

Qu'à tous les citoyens, à tous, la loi confie
Les droits qu'exerçait seule une minorité;
Que prolétaire ou non, à sa majorité,
Tout Français est de droit électeur, éligible.

PITOIS.

Allons, vous plaisantez, cela n'est pas possible.

DOGARD.

Rien n'est plus vrai. Pour nous plus d'obstacle; en un mot,
Le cens est supprimé.

PITOIS.

C'est le bon sens plutôt.

CLUCHET.

Des pointes!

PITOIS.

Ainsi donc l'homme dans l'indigence,
Sans nulle instruction, manquant d'intelligence,
Donnerait sa voix?

DOGARD.

Oui, c'est un point résolu.
Vous, qui ne payez rien, vous pouvez être élu.

PITOIS.

Ma foi, je vaudrais bien certaines jeunes têtes....

DOGARD.

Ah! ne vous fâchez pas.

PITOIS.

Imprudents que vous êtes,
Vous appelez le trouble et la confusion!
Mais vous rencontrerez de l'opposition;
Vous n'êtes pas au but que vos vœux se promettent;

Car enfin, votre loi, si les Pairs la rejettent...
CLUCHET.
Ils n'oseront.
PITOIS.
Pourquoi?
DOGARD.
Je voudrais qu'en effet
Ils en fussent tentés... ce serait plus tôt fait.
PITOIS.
Qu'entendez-vous par là? quelle est votre espérance?
VICTOR.
C'est un cri général, et dans toute la France.
Il faut suivre le siècle, et marcher avec lui.
Une Chambre des Pairs, à quoi bon aujourd'hui?
En vain l'hérédité jadis fut abolie;
C'est toujours un non-sens, c'est une anomalie,
Une institution qui n'est plus dans nos mœurs.
Souvent elle a du peuple excité les rumeurs :
Sans force, sans soutien, et déconsidérée,
Elle est, par habitude, encore tolérée;
Mais un acte imprudent, tout serait terminé.
C'est un vieux monument que le temps a miné,
Rongé de toutes parts de lichen et de mousse,
Et qui s'écroulerait à la moindre secousse.
PITOIS.
Je ne puis revenir de tout ce que j'entends!
Mais où sommes-nous donc? en quels lieux? en quel temps?
Quoi! la Chambre des Pairs, vous voulez la détruire?
DOGARD.
Sans doute; il faut briser tout ce qui peut nous nuire.

VICTOR.

Ou du moins que les Pairs soient élus au scrutin.

CLUCHET.

Par le peuple lui seul.

COUTURIER.

Le journal, ce matin,
Leur adresse un défi que pour eux je redoute.
L'article est incisif; vous l'avez lu sans doute?

VICTOR.

Pas encore.

DOGARD et CLUCHET.

Ni moi.

COUTURIER.

Je crois l'avoir ici.

DOGARD.

Ah! voyons donc un peu.

COUTURIER.

Justement, le voici.

(Il lit.)

« Paris, le 31 juillet 1928.

« La nouvelle loi sur le suffrage universel, adoptée par
« la Chambre des Députés, sera discutée demain à la
« Chambre des Pairs. Il paraît certain que la plupart des
« représentants de l'aristocratie sont opposés à cette loi, ré-
« clamée depuis longtemps par le pays ; mais on assure
« qu'ils n'oseront pas lui refuser leur suffrage. Nous ne pou-
« vons croire à tant de pusillanimité, et nous aimons encore
« à nous persuader que, malgré leur faiblesse accoutumée,
« les Pairs n'hésiteront pas à compromettre, s'il le faut,

« leur existence politique, plutôt que de voter contre leur
« conscience. »

PITOIS.

C'est un article infâme, un guet-apens, un piége.

COUTURIER, à Dogard.

Quel est donc ce monsieur ?

DOGARD.

Un pédant de collége,
Un vieux sot.

PITOIS.

Cette Chambre au respect a des droits.

CLUCHET.

Allons donc !

PITOIS.

Son courage....

DOGARD.

Assez, monsieur Pitois.

PITOIS.

Songez-vous que du trône elle est la sauvegarde ?

DOGARD.

Eh ! pour Dieu ! mêlez-vous de ce qui vous regarde.

PITOIS.

Autant que vous, je pense....

DOGARD.

Allons, vous radotez.

VICTOR.

Messieurs !...

VINCENT, se levant.

Ah ! c'en est trop ! chez moi, vous insultez !...

PITOIS.

Calmez-vous, mon ami; l'injure et l'insolence
Ne sauraient me troubler, ni m'imposer silence.
Je le répète encor, vos projets sont affreux :
En vous je ne vois plus que des fous dangereux.
A peine délivrés des langes de l'enfance,
La richesse ou le rang dans autrui vous offense;
Chacun de vous déjà, de pouvoir affamé,
Veut moissonner partout lorsqu'il n'a rien semé;
Sans talents, du génie il vous faut l'héritage;
Sans fortune, des biens vous voulez le partage;
L'amour de la patrie et de l'égalité
Chez vous masque l'envie et la cupidité :
Oui, je lis dans vos cœurs, et n'y vois qu'égoïsme;
Votre intérêt, voilà votre patriotisme.

CLUCHET.

Monsieur....

PITOIS.

Je n'ai pas dit; écoutez jusqu'au bout.
A votre ambition vous sacrifieriez tout.
Mais où sont donc vos droits, vos services, vos titres?
Des enfants, de l'État deviendraient les arbitres !
Ils pourraient à leur gré régler notre destin,
Parce qu'ils ont appris du grec et du latin !...
Ah! s'il en est ainsi, je maudis la science,
Je maudis mes travaux, mes soins, ma confiance.
Moi qui croyais former, par de doctes moyens,
Des hommes vertueux et de bons citoyens !
De mon ambition tels étaient les beaux rêves;
Je me croyais utile.... et voilà mes élèves!...

Vous m'abreuvez de honte ! et peut-être demain
Ceux que j'instruis encor suivront votre chemin !...
C'en est trop ! mes efforts seraient vains, tout l'annonce....
Je quitte mon état, pour jamais j'y renonce ;
Et je vais achever mes jours infortunés,
En gémissant des soins que je vous ai donnés.
(Il sort, et Vincent l'accompagne jusqu'à la porte.)

Les précédents, excepté M. PITOIS.

DOGARD.

L'ennuyeux personnage !

CLUCHET.

Allons, c'est du vertige !

COUTURIER.

Eh ! le bonhomme est vert.

VICTOR.

Cette scène m'afflige.

COUTURIER.

A votre ambition c'est un rude soufflet.

VINCENT, revenant.

Un mot, messieurs ; veuillez m'écouter, s'il vous plaît.
Quand vous voudrez ici réclamer mon office,
Le coiffeur, le barbier est à votre service ;
Ou, comme anciens amis, aux heures de loisir,
Vos visites toujours me feront grand plaisir.
Mais lorsque vous viendrez envahir ma boutique
Pour réformer l'État, pour parler politique,
Pour exhaler vos vœux et vos ressentiments,
Et méditer le trouble et les soulèvements,

Alors, je vous prîrai, sans façons, sans scrupules,
D'aller tenir ailleurs vos conciliabules.

VICTOR.

Mon frère, cependant....

VINCENT.

Je parle aussi pour toi.
Ces rendez-vous, ces clubs, je n'en veux pas chez moi.

DOGARD.

Va, d'un homme d'État tu n'eus jamais l'étoffe.

CLUCHET.

Lui? c'est un moraliste, un sage, un philosophe.

VINCENT.

Tout cela, voyez-vous, c'est de l'esprit perdu.
Mais j'espère qu'enfin vous m'avez entendu.

DOGARD.

Eh bien, végète donc sans péril et sans gloire.
Nous te protégerons au jour de la victoire.

CLUCHET.

Allons, partons, messieurs, partons. Et toi, Victor,
Viens-tu chez Ducroisy?

VICTOR.

J'irai; mais pas encor.
Nous ne pouvons si tôt assiéger sa demeure.

CLUCHET.

Vers midi nous irons te prendre.

VICTOR.

A la bonne heure.
On peut le voir alors sans se rendre indiscret.

DOGARD.

Tous à le cultiver nous avons intérêt.

PARTIE I, SCÈNE I.

COUTURIER.

Je vous y rejoindrai.

DOGARD.

Quelqu'intrigue, je gage?

COUTURIER.

Non; je suis attendu chez un grand personnage,
Monsieur de Montanclos.

DOGARD.

Eh quoi! le Ministre?

COUTURIER.

Oui.

DOGARD.

Que vas-tu faire là?

COUTURIER.

Je travaille pour lui.

DOGARD.

Si tu sers son parti, tu trahis donc le nôtre?

COUTURIER.

Pas du tout; je ne suis de son bord ni du vôtre.

CLUCHET.

Duquel alors?

COUTURIER.

Du mien.

DOGARD.

Je te reconnais là.
Pourvu qu'on te paye....

COUTURIER.

Oui, je tiens fort à cela.
Du mot d'un empereur, mon cher, qu'il te souvienne:
L'argent sent toujours bon, de quelque part qu'il vienne.

Mot sublime!

DOGARD.

Fi donc!

COUTURIER.

Chacun a ses désirs.
Vous courez les grandeurs, je cherche les plaisirs;
Et lorsque vous séchez d'impuissance et d'envie,
Moi je savoure en paix les douceurs de la vie.
Sur ce, je vous salue. A tantôt, au revoir.

(Il sort.)

CLUCHET.

Quel égoïsme! avec de l'esprit, du savoir!...

DOGARD.

Ah çà! partons. Adieu, Vincent, et sans rancune,
N'est-ce pas?

VINCENT.

Comment donc! je n'en conserve aucune.

CLUCHET.

C'est convenu, Victor, à midi moins un quart.

DOGARD.

Viens-tu, docteur Cluchet?

CLUCHET.

Allons, maître Dogard.

(Ils sortent.)

VINCENT et VICTOR.

VICTOR.

Adieu, frère.

VINCENT.

Déjà? Reste encore; il me semble

Que nous voir devant eux, c'est n'être pas ensemble.
C'est si bon de causer un moment entre nous.
VICTOR.
A mon cœur comme au tien de tels instants sont doux ;
Mais Céline m'attend.
VINCENT.
Ah ! malgré sa faiblesse,
C'est une brave fille, un cœur plein de noblesse ;
Et je voudrais te voir préférer ses conseils
A tous ceux de Dogard, Cluchet et leurs pareils.
VICTOR.
Laissons cela ; tu sais qu'un tel sujet m'afflige.
VINCENT.
Ta vie est un tourment.
VICTOR.
C'en est assez, te dis-je.
VINCENT.
Eh bien, n'en parlons plus ; je me tais malgré moi....
Revenons à Céline. Elle est digne de toi ;
Car sa faute, à mes yeux, ne l'a point dégradée :
Elle a cent qualités.
VICTOR.
Tu n'en as pas d'idée !
Qui ne faillit jamais n'a pas plus de vertu.
Aussi je l'aime !...
VINCENT.
Alors, que ne l'épouses-tu ?
VICTOR.
C'est mon dessein ; je sais à quoi l'honneur m'engage.
Oui, d'estime et d'amour elle obtiendra ce gage ;

Vincent, je serai fier de recevoir sa main;
Et j'espère avant peu....

VINCENT.

Pourquoi pas dès demain?

VICTOR.

Des femmes, mon ami, Céline est le modèle,
Et je lui veux offrir un destin digne d'elle.
L'épouser maintenant! je suis pauvre, inconnu....
Mais sitôt qu'aux emplois je serai parvenu....

VINCENT.

Insensé! ton espoir....

VICTOR.

Tu vas prêcher, sans doute;
Adieu.

VINCENT.

Demeure.

VICTOR.

Non.

VINCENT.

Encore un mot; écoute:
Le mérite inconnu parfois est indigent....
Là, voyons, entre nous, as-tu besoin d'argent?

VICTOR.

Mon cher Vincent!

VINCENT.

Accepte.... oui, si tu veux me plaire....

VICTOR.

Non; de quelques travaux j'ai reçu le salaire:
Je n'ai besoin de rien.

VINCENT.
Bien vrai?

VICTOR.
Je t'en réponds.
Puis le journal me doit... enfin, je suis en fonds.

VINCENT.
C'est que de m'emprunter tu te ferais scrupule :
Ta réserve avec moi, d'honneur! est ridicule.

VICTOR.
Eh bien, à l'avenir, je t'en donne ma foi,
Quand je serai gêné, j'aurai recours à toi.

VINCENT.
Nous verrons.

VICTOR.
Te voilà content de moi, j'espère?
A présent je te quitte.

VINCENT.
Adieu donc.

VICTOR.
Adieu, frère.

PREMIÈRE PARTIE.

SCÈNE II.

PERSONNAGES

DE LA SCÈNE DEUXIÈME.

Le Comte DE MONTANCLOS, Ministre de l'Intérieur.

Son Secrétaire.

Le Préfet de Police.

M. DUPORTAIL, Directeur des Beaux-Arts.

Un Chef de Bureau.

COUTURIER.

M. DE LARIBAUDIÈRE, Député.

Mme DE RANCY.

Un Huissier.

GERVAIS, Ordonnance du Ministère.

La Scène est à Paris, chez le Ministre.

PREMIÈRE PARTIE.

SCÈNE II.

Chez le Ministre de l'Intérieur.

Le MINISTRE se promène dans son cabinet; son SECRÉTAIRE est occupé à cacheter une dépêche.

(Le Ministre sonne, un huissier entre.)

LE MINISTRE.

Avez-vous là quelqu'un?

L'HUISSIER.

Gervais, Brice et Duclos.

LE MINISTRE.

Envoyez-moi Gervais.

(L'huissier sort.)

Quoi! toujours des complots!

LE SECRÉTAIRE.

Mais, pour les découvrir, vous êtes d'une adresse!...

LE MINISTRE.

Vous avez cacheté? c'est bon; mettez l'adresse.

LE SECRÉTAIRE, écrivant.

A Monsieur le Préfet de l'Oise.

LE MINISTRE, à Gervais qui entre.

Ah çà! Gervais,
Il faut que sur-le-champ vous alliez à Beauvais.

GERVAIS.

Monsieur....

LE MINISTRE.

A vous hâter surtout je vous invite.
Tenez; rapportez-moi la réponse au plus vite.

GERVAIS.

Oui, monsieur le Ministre.

(Il sort.)

LE MINISTRE.

Ils seront arrêtés !

LE SECRÉTAIRE.

Oh! les chemins de fer sont fort bien inventés :
Dans une matinée on traverse la France.

LE MINISTRE.

Mais de tous ces gens-là quelle est donc l'espérance ?

LE SECRÉTAIRE.

Eh! monsieur, ce n'est pas seulement à Paris
Que la loi qu'on discute échauffe les esprits;
Elle flatte l'orgueil du moindre prolétaire.

LE MINISTRE.

Oui, la fièvre est partout, je ne saurais le taire.
Cette maudite loi!... votée!... ah! je m'y perds !

LE SECRÉTAIRE.

Croyez-vous qu'elle passe à la Chambre des Pairs?

LE MINISTRE.

Il le faut maintenant !

LE SECRÉTAIRE.

Quelle cause secrète....

LE MINISTRE.

Oui, depuis trop longtemps au peuple l'on répète
Qu'il a seul tout pouvoir, qu'il est maître absolu,
Que chacun a le droit d'élire et d'être élu,

Que le cens exigé pour voter au collége
N'est qu'aristocratie, abus et privilége;
Ce principe funeste a partout pénétré,
Et par la Chambre enfin vient d'être consacré.
De cette loi des maux doivent sans doute éclore;
Mais un rejet serait plus dangereux encore.

LE SECRÉTAIRE.

Il se peut. Mais les Pairs comprendront leur devoir;
Ils sont sages, prudents.

LE MINISTRE.

     C'est aussi mon espoir.
Tout ira bien; chassons une crainte importune.
Et puisque rien n'est vrai que le rang, la fortune,
Quoi qu'il puisse arriver, quel que soit l'avenir,
Au poste que j'occupe il faut me maintenir.

LE SECRÉTAIRE.

Et l'intérêt public d'ailleurs vous le commande.
A propos, je voudrais vous faire une demande.

LE MINISTRE.

Ce serait?...

LE SECRÉTAIRE.

  De permettre un théâtre de plus.

LE MINISTRE.

Que doit-on vous donner?

LE SECRÉTAIRE.

    Ah!...

LE MINISTRE.

      Détours superflus;
Que diable! je sais bien que vous n'êtes pas dupe.

LE SECRÉTAIRE.

Mais de se faire un sort il faut bien qu'on s'occupe.

LE MINISTRE.

C'est trop juste. Voyons quelles conventions....

LE SECRÉTAIRE.

Peu de chose : une loge, et quelques actions.

LE MINISTRE.

C'est tout?

LE SECRÉTAIRE.

Peut-être bien quelques rouleaux encore.

LE MINISTRE.

De la prudence, au moins; que tout le monde ignore....

LE SECRÉTAIRE.

Vous compromettre, ô ciel! jamais! Soyez certain....

LE MINISTRE.

Eh bien, j'arrangerai cela demain matin.

LE SECRÉTAIRE.

Que de bonté!

LE MINISTRE.

J'y songe! Allez jusqu'à la caisse
Me chercher de l'argent. Je vais faire un bon.

(A l'huissier qui entre.)

Qu'est-ce?

L'HUISSIER.

Monsieur le Directeur des Beaux-Arts.

LE MINISTRE.

Un instant.

(En écrivant.)

Des fonds secrets je suis économe pourtant,
Mais pour suffire à tout souvent l'argent me manque.

(Au secrétaire.)

Tenez.

LE SECRÉTAIRE.

Faut-il de l'or ?

LE MINISTRE.

Non, des billets de banque.

LE SECRÉTAIRE.

Fort bien.

(Il sort.)

LE MINISTRE, à l'huissier.

Faites entrer.

~~~~~~

LE MINISTRE, DUPORTAIL, portant un gros portefeuille.

LE MINISTRE.

Vous voilà, Duportail ? Qu'avons-nous de nouveau ?

DUPORTAIL.

Je viens pour le travail....

LE MINISTRE.

Oh! je n'ai pas le temps de vous parler d'affaire.

DUPORTAIL.

C'est pressé cependant.

LE MINISTRE.

Je n'y saurais que faire.

DUPORTAIL.

Vous n'avez rien signé depuis un mois au moins.

LE MINISTRE.

Plus tard... un de ces jours... Oui, j'ai mille autres soins;
Je tombe sous le faix, d'honneur! ce n'est pas vivre

DUPORTAIL.

Je ne veux qu'un quart d'heure.

LE MINISTRE.
                    Allez-vous me poursuivre?
Laissez là vos dossiers.
                DUPORTAIL.
                    Monsieur, on se plaindra.
                LE MINISTRE.
Que m'importe? Étiez-vous hier à l'Opéra?
                DUPORTAIL.
Non.
                LE MINISTRE.
    Vous avez perdu.
                DUPORTAIL.
                    De ce retard étrange
Les administrés....
                LE MINISTRE.
                Lise a dansé comme un ange.
                DUPORTAIL.
Monsieur....
                LE MINISTRE.
                Et, dites-moi, la pièce des Français,
Est-ce bon?
                DUPORTAIL.
                Les journaux annoncent un succès.
                LE MINISTRE.
Mais, selon vous, l'ouvrage est-il digne d'éloge?
                DUPORTAIL.
Je n'ai point assisté...
                LE MINISTRE.
                    Quand vous voudrez ma loge,
Il faut la demander.

PARTIE I, SCÈNE II.

DUPORTAIL.
Ah !...

LE MINISTRE.
Nous n'avons plus rien,
N'est-ce pas? tout est dit? allez donc, c'est fort bien.
Adieu, mon cher, adieu.

DUPORTAIL.
Souffrez, de grâce....

LE MINISTRE.
Encore?

DUPORTAIL.
Pour un infortuné, monsieur, je vous implore.

LE MINISTRE.
Puisqu'à vous écouter je me refuse en vain,
Parlez et finissons.

DUPORTAIL.
C'est un jeune écrivain,
Qui, l'an dernier, s'est fait applaudir au théâtre,
Et que menace enfin le sort de Malfilâtre,
Si vous ne vous hâtez, monsieur, dès aujourd'hui,
D'offrir à son malheur un généreux appui.

LE MINISTRE.
Un auteur? je suis sûr qu'il souffre par sa faute.
Ces messieurs de nos jours ont la tête trop haute :
Rien ne peut satisfaire à leurs prétentions ;
Ils veulent des honneurs, de l'or, des pensions ;
Il leur faut des chevaux, des hôtels, des maîtresses !...
C'est scandaleux !

DUPORTAIL.
Souvent de cruelles détresses....

LE MINISTRE.

L'opulence à l'esprit ôte tout son élan.
Du loisir, un grenier et six cents francs par an,
Voilà tout ce qu'il faut pour un auteur.

DUPORTAIL.

        J'espère
Que vous plaisantez.

LE MINISTRE.

      Non, d'honneur! je suis sincère;
J'ai pour tous ces gens-là le plus parfait mépris.
De leur troupe innombrable ils infestent Paris;
La paresse et l'orgueil sont leur seul apanage;
Le moindre écrivailleur se croit un personnage.
L'État à les nourrir est-il donc obligé?
Enfin, pour revenir à votre protégé,
Sa qualité d'auteur n'est qu'un titre futile:
S'il n'a pas de talent, c'est un homme inutile;
S'il en a, c'est alors un homme dangereux.

DUPORTAIL.

Ainsi les écrivains....

LE MINISTRE.

       Je ne fais rien pour eux.
Les vrais littérateurs, ce sont les journalistes.
Voilà des défenseurs et des apologistes!
Et comme ils sont à craindre en leurs ressentiments,
On leur doit des égards, des encouragements.
Pour tous les autres, rien.

DUPORTAIL.

      Pardon, je suis blâmable;
J'avais cru jusqu'ici qu'un auteur estimable,

Pauvre, malade, en proie à des chagrins profonds....
####### LE MINISTRE.
Tout ce que vous voudrez; mais je n'ai pas de fonds.
Vous êtes indiscret, je ne puis vous le taire.

Les précédents, LE SECRÉTAIRE.

####### LE SECRÉTAIRE.
Voici vingt mille francs.
####### LE MINISTRE.
      Là, sur mon secrétaire.
Allez donc, Duportail, allez, et désormais
De tous ces mendiants ne me parlez jamais.
####### DUPORTAIL.
Monsieur....
####### LE MINISTRE.
    Faisons la paix, quittez cet air sinistre.
####### DUPORTAIL.
Moi?
####### LE MINISTRE.
  C'est bien.
####### DUPORTAIL, à part, en sortant.
     Et voilà comment on administre!
####### LE MINISTRE.
Ce pauvre Duportail, il n'est pas trop content!
Mes refus....
####### LE SECRÉTAIRE.
  Couturier est là qui vous attend.
####### LE MINISTRE.
Ah! qu'il vienne! Voilà surtout ce qui m'importe.

LE MINISTRE, COUTURIER.

LE MINISTRE.
Eh bien, l'article?
COUTURIER.
Est fait, monsieur; je vous l'apporte.
LE MINISTRE.
Voyons vite, donnez.
COUTURIER.
Vous serez satisfait,
Je l'espère du moins.
LE MINISTRE, parcourant l'article.
Bien!... très-bien!... c'est parfait!
« Pour le radicalisme aucune sympathie....
« Le peuple veut la Charte, il veut la dynastie....»
C'est cela! ce morceau me plaît infiniment.
COUTURIER.
Vous m'aviez indiqué le fond, le mouvement.
LE MINISTRE.
En effet.... mais souffrez que je lise le reste.
Du trait, de la chaleur, du nerf!... tout me l'atteste,
Cet article fera du bruit.
COUTURIER.
Un tel discours
Me flatte.
LE MINISTRE.
Ah çà! mon cher, songez qu'avant huit jours
Il nous en faut un autre, entendez-vous?

COUTURIER.

         Mon zèle....
Mais, monsieur.... permettez que je vous le rappelle....
C'est le troisième article.... excusez....

   LE MINISTRE, allant à son secrétaire.

          Je comprends.
Tout travail son salaire; et voici cinq cents francs.

   COUTURIER.

Ma plume maintenant est tout à vous.

   LE MINISTRE.

          J'y compte.
A propos, Couturier, qu'est-ce donc qu'on raconte?
Homme sans caractère et sans conviction,
Vous écrivez aussi pour l'opposition?
Voilà ce qu'on m'a dit.

   COUTURIER.

    Rien n'est plus vrai.

   LE MINISTRE.

         Qu'entends-je!

   COUTURIER.

Cela se voit souvent, le fait n'a rien d'étrange;
Et plus d'un écrivain, au sarcasme aguerri,
Mange à deux râteliers pour être mieux nourri.

   LE MINISTRE.

Quoi!...

   COUTURIER.

  Que me font à moi, modeste prolétaire,
Les luttes de la Gauche avec le Ministère?
Rien; aussi je n'ai pas, monsieur, d'opinion.
Bien vivre est mon seul but, ma seule ambition;

Je suis tout bonnement machine politique.
Et comme l'armurier, tranquille en sa boutique,
Vend à deux ennemis l'instrument des combats,
Sans épouser leur haine ou juger leurs débats;
Comme on voit l'avocat, se chargeant d'une cause,
Plier son éloquence aux devoirs qu'elle impose,
Et, d'un nouveau client dès qu'il devient l'appui,
Ce qu'il plaidait hier le combattre aujourd'hui;
De même, sans scrupule, et selon la rencontre,
Je plaide tour à tour et le pour et le contre ;
Et cet article enfin que je vous ai livré,
Peut-être dès demain je le réfuterai.
J'écris tout ce qu'on veut, il ne m'importe guère;
Moi, je fais le commerce, et ne fais point la guerre;
Ma plume est ma fortune, elle est mon gagne-pain :
Tantôt ami des Rois, tantôt républicain,
Aucune opinion ne m'émeut, ne m'effraye,
Et je suis de l'avis de celui qui me paye.

LE MINISTRE.

Vous êtes franc, du moins.

COUTURIER.

Je m'en rapporte à vous:
N'est-ce pas l'intérêt qui nous gouverne tous?
L'estime, les honneurs, le rang, la renommée,
Tout cela maintenant n'est que de la fumée;
Aux mœurs de son époque on se doit résigner :
L'argent seul est réel, et je veux en gagner.

LE MINISTRE.

Une telle morale....

COUTURIER.

Elle vous scandalise?

LE MINISTRE.

Sans doute.

COUTURIER.

Eh bien, d'honneur! excusez ma franchise,
Je ne l'aurais pas cru.

LE MINISTRE.

Couturier!...

COUTURIER.

Il suffit.

LE MINISTRE.

Çà, le nouvel article....

COUTURIER.

Est un nouveau profit,
Ainsi marché conclu.

LE MINISTRE.

Mettez-y du mystère;
C'est entre nous.

COUTURIER.

Fort bien! je sais ce qu'il faut taire.
Le silence d'ailleurs est dans mon intérêt.
Serviteur. Dans huit jours l'article sera prêt.

(Il sort.)

LE MINISTRE, seul.

Le drôle est sans scrupule! et d'une impertinence!...
Sous son regard railleur je perdais contenance.
De tout autre à l'instant j'aurais su me venger ;
Mais il est journaliste, il faut le ménager!

Oui, devant les journaux notre pouvoir s'incline :
C'est le vent qui nous fouette et qui nous déracine!

L'HUISSIER.

Monsieur....

LE MINISTRE.

Que me veut-on? J'avais recommandé....

L'HUISSIER.

C'est un chef de bureau que vous avez mandé.

LE MINISTRE.

Ah! parbleu! le hasard à propos me l'amène;
Il va payer pour l'autre! Oui, je l'attends, qu'il vienne.

(L'huissier sort)

Je puis parler en maître enfin, sans rien risquer.

~~~~~~~~~~~~~~~~~~~~~~~~~~~~~~~~

LE MINISTRE, LE CHEF DE BUREAU.

LE MINISTRE.

Venez, venez, monsieur. Voulez-vous m'expliquer
Ce que c'est qu'un panier qu'ici l'on vous adresse.

LE CHEF.

Monsieur....

LE MINISTRE.

Pas de détours, s'il vous plaît; votre adresse,
Je vous en avertis, ne servirait de rien.

LE CHEF.

C'est un de mes amis qui m'envoie....

LE MINISTRE.

Ah! fort bien!
C'est toujours un ami. Qu'est-ce qu'il vous envoie?

LE CHEF.
Du poisson, du gibier.
LE MINISTRE.
J'en ai beaucoup de joie.
Vous avez un ami fort attentif, vraiment.
LE CHEF.
Unis depuis l'enfance, il me semble....
LE MINISTRE.
Un moment.
Répondez : ce monsieur a-t-il au ministère
Quelque affaire à traiter?
LE CHEF.
Je ne puis vous le taire.
LE MINISTRE.
Et dans votre bureau, peut-être?
LE CHEF.
J'en conviens.
LE MINISTRE.
C'est assez. Du devoir brisant tous les liens,
Ainsi par des présents vous vous laissez corrompre!
LE CHEF.
Je n'ai pas mérité....
LE MINISTRE.
Vous osez m'interrompre!
Silence.

Les précédents, LE SECRÉTAIRE.

LE SECRÉTAIRE.
Une dépêche.

LE MINISTRE, au Chef.
Un chef de mes bureaux !
(Au Secrétaire.)
Donnez.

LE SECRÉTAIRE.
Du télégraphe.

LE MINISTRE, au Chef.
Accepter des cadeaux !
Pour de pareils méfaits je dois être inflexible.
(Après avoir lu, et à part.)
Quelle heureuse nouvelle ! O ciel ! est-il possible ?...
Et dans les fonds publics bientôt quel mouvement !...
(Bas au Secrétaire.)
A mon agent de change écrivez promptement ;
Qu'il m'achète aujourd'hui cent mille francs de rente.

LE SECRÉTAIRE.
Bien.

LE MINISTRE, au Chef.
Votre avidité n'est que trop apparente :
De ses appointements on doit se contenter.

LE CHEF.
Monsieur, si vous daigniez un instant m'écouter....

LE MINISTRE, au Chef.
D'un indigne trafic se faire une ressource !

PARTIE I, SCÈNE II.

LE SECRÉTAIRE, bas au Ministre.

Faudra-t-il envoyer la dépêche à la bourse?

LE MINISTRE, bas au Secrétaire.

Ah! gardez-vous-en bien!

LE SECRÉTAIRE.

Veuillez me pardonner....

LE MINISTRE, de même.

Ce soir au *Moniteur* vous pourrez la donner;
Il suffit que demain on sache la nouvelle.

LE SECRÉTAIRE.

En effet, je comprends.

(A part, en sortant.)

L'occasion est belle;
Pour mon compte, je vais faire acheter aussi.

~~~~~~~~~~~~~~~~~~~~~~~~~~~~~~~

LE MINISTRE, LE CHEF DE BUREAU.

LE MINISTRE.

Finissons. De chacun comme j'exige ici
Une conduite pure, irréprochable, austère,
Vous n'appartenez plus, monsieur, au ministère.

LE CHEF.

Qu'entends-je!.

LE MINISTRE.

Pas un mot.

LE CHEF.

Je sors; car, je le vois,
Pour ma défense en vain j'élèverais la voix.
De vos préventions rien ne peut vous distraire;

Mais vous écouterez peut-être mon beau-frère ;
Il viendra....

LE MINISTRE.

Qu'est-ce à dire ? un beau-frère ? Comment ?

LE CHEF.

C'est un des Députés de mon département :
Joseph Labitte.

LE MINISTRE.

Quoi ! ce monsieur de Labitte....

LE CHEF.

Est l'époux de ma sœur.

LE MINISTRE.

Que je me félicite
D'avoir dans mes bureaux....

LE CHEF.

Il vous sera témoin
Que l'envoi qui m'est fait....

LE MINISTRE.

Il n'en est pas besoin ;
Tout s'explique, et je dois me rendre à l'évidence.
Mais vous avez commis une grande imprudence :
Il faut faire chez vous adresser ces envois.

LE CHEF.

Il est vrai....

LE MINISTRE.

Quand on est, mon cher, dans les emplois,
En vain on est loyal, en vain on se respecte,
Notre vertu toujours au public est suspecte ;
Et dans notre conduite une légèreté
Fait crier au scandale, à la vénalité :

PARTIE I, SCÈNE II.

Tout ce que nous faisons d'abord on l'enregistre.
Vous ne m'en voulez pas?

LE CHEF.

Moi, monsieur le Ministre!...

LE MINISTRE.

Je fais grand cas de vous; souvent on m'a cité
Vos utiles travaux, votre capacité.
De mes prédécesseurs je sais les injustices;
Ils n'ont pas comme il faut reconnu vos services;
Mais je mettrai ma gloire à réparer leurs torts.

LE CHEF.

Monsieur....

LE MINISTRE.

Soyez-en sûr, j'y ferai mes efforts :
Dans peu le vrai mérite aura sa récompense.

LE CHEF.

Par quels remercîments....

LE MINISTRE.

Ah! je vous en dispense;
De votre affection seule je suis jaloux.
Enchanté d'avoir fait connaissance avec vous.
Adieu.

LE CHEF.

De mon respect agréez l'assurance.

(Il sort.)

LE MINISTRE, ensuite LE SECRÉTAIRE.

LE MINISTRE.
Frère d'un Député! Moi, dans mon ignorance,
Qui prononçais déjà sa destitution!
Peste!

LE SECRÉTAIRE.
  Ce Député de l'opposition....

LE MINISTRE.
Qui donc?

LE SECRÉTAIRE.
  Vous savez bien, monsieur Laribaudière.

LE MINISTRE.
En plein jour!

LE SECRÉTAIRE.
  Nous avons la porte de derrière,
Le jardin.... nul danger, personne ne l'a vu.
         (Il sort.)

LE MINISTRE.
Oui, d'adresse, en effet, je sais qu'il est pourvu;
Et nos relations que tout le monde ignore....

LE MINISTRE, LARIBAUDIÈRE.

LE MINISTRE.
Ah! vous voilà?

LARIBAUDIÈRE.
  Je viens vous relancer encore.

LE MINISTRE.

Toujours le bien venu.

LARIBAUDIÈRE.

Qu'avons-nous pour demain?

LE MINISTRE.

Je prépare un discours. Ces notes de ma main
Vous dicteront le vôtre, auquel je veux répondre.

LARIBAUDIÈRE.

Donnez, c'est convenu.

LE MINISTRE.

Mais n'allez pas confondre;
Ne vous écartez pas des jalons que voici.
De ce que vous direz la substance est ici.

LARIBAUDIÈRE.

Ne craignez rien.

LE MINISTRE.

Ah çà! que l'attaque soit vive.

LARIBAUDIÈRE.

En ennemi direct je prendrai l'offensive.

LE MINISTRE.

Voyez, votre arsenal est par moi bien muni;
Dates, faits, arguments, je vous ai tout fourni.

LARIBAUDIÈRE.

Je saurai m'en servir.

LE MINISTRE.

N'en employez pas d'autres,
Au moins.

LARIBAUDIÈRE.

Ah! quel soupçon! les vôtres, que les vôtres.

LE MINISTRE.

J'y compte. Jusqu'au bout je vous laisse parler;
Et lorsque sous vos coups vous semblez m'accabler,
Quand on me croit vaincu, quand tout vous favorise,
Je monte à la tribune, et je vous pulvérise.

LARIBAUDIÈRE.

C'est cela!

LE MINISTRE.

N'est-ce pas?

LARIBAUDIÈRE.

Un triomphe éclatant!

LE MINISTRE.

A propos, j'oubliais un objet important.
Lorsque je parlerai de gloire et de patrie,
Du progrès merveilleux des arts, de l'industrie,
Songez bien qu'il me faut une interruption;
J'ai noté dans quel sens.

LARIBAUDIÈRE.

Dès que l'instruction
Sur ce point délicat suffisamment s'explique....

LE MINISTRE.

Oui. Cela me fournit une belle réplique,
Un de ces grands effets qui saisissent.

LARIBAUDIÈRE.

Fort bien.
J'étudierai mon rôle, et je n'oublierai rien.

LE MINISTRE.

J'abuse....

LARIBAUDIÈRE.

Pourquoi donc? Je n'ai point d'égoïsme.

PARTIE I, SCÈNE II.

Ce que nous faisons là, c'est du charlatanisme,
Je le sais; mais qu'importe? Ici, depuis longtemps,
Ne sommes-nous pas tous plus ou moins charlatans?
Par des secours cachés tout miracle s'opère :
Quel est l'escamoteur qui n'ait pas son compère?
Eh bien, je suis le vôtre; et de grand cœur.

LE MINISTRE.

Vraiment,
Vous me rendez confus.

LARIBAUDIÈRE.

Point de remercîment.
Les gens de bien en vous ont mis leur espérance.
Puisque vous travaillez au bonheur de la France,
Je dois à vos efforts un généreux secours.

LE MINISTRE.

Votre mois n'est-il pas échu?

LARIBAUDIÈRE.

Depuis cinq jours.

LE MINISTRE.

Pardon; à tant d'assauts ma mémoire est livrée!...

LARIBAUDIÈRE.

Rien ne presse.

LE MINISTRE.

Comment! une dette sacrée!...
Voici vos mille francs. Après la session
Je vous continûrai cette subvention.

LARIBAUDIÈRE.

Mais.... si cela se peut....

LE MINISTRE.

Oui.

LARIBAUDIÈRE.

L'heure est avancée....

~~~~~~~~~~~~~~~~~~~~~~~~~~~~~~~~~~~~~

Les Précédents, Mme de RANCY.

L'HUISSIER, à Mme de Rancy.

Madame....

Mme DE RANCY, forçant la porte

Je n'ai pas besoin d'être annoncée,
On vous l'a dit vingt fois.

LE MINISTRE.

Madame de Rancy !

LARIBAUDIÈRE.

Ciel !

LE MINISTRE, bas à Laribaudière.

Ne vous troublez pas.

Mme DE RANCY.

Laribaudière ici !

LE MINISTRE, haut à Laribaudière.

Tout ce que vous voudrez; je crains peu vos menaces.

LARIBAUDIÈRE.

A d'indignes sujets vous prodiguez les places.

LE MINISTRE.

Ce préfet nous sert bien, je dois le maintenir.

LARIBAUDIÈRE.

A mes amis, vous dis-je, il ne peut convenir.

LE MINISTRE.

Eh! qu'importe? il suffit, je crois, qu'il me convienne.

LARIBAUDIÈRE.

Ce ton fier....

LE MINISTRE.

Est le mien.

Mme DE RANCY.

Messieurs!...

LARIBAUDIÈRE.

Qu'il vous souvienne
Qu'on ne m'offense pas impunément.

Mme DE RANCY.

Eh! quoi....

LE MINISTRE.

Monsieur, vous oubliez que vous êtes chez moi.

LARIBAUDIÈRE.

Oui, je sors. Ma présence ici vous importune;
Mais demain il faudra répondre à la tribune.

(Il sort.)

LE MINISTRE, Mme DE RANCY.

Qu'est-ce donc?

LE MINISTRE.

Ce monsieur veut nommer les préfets.

Mme DE RANCY.

Craignez....

LE MINISTRE.

De son courroux je brave les effets.

Mme DE RANCY.

Le ménager peut-être eût été nécessaire.

LE MINISTRE.

Qui? lui? qui fait métier d'être mon adversaire?
Qui me combat sans cesse? et qui m'ose aujourd'hui....
Laissons cela; c'est trop nous occuper de lui.
D'ailleurs à votre aspect tout s'efface, s'oublie,
Et je ne puis penser qu'à ma chère Émilie.

Mme DE RANCY.

Ah! vous savez sur moi quel est votre pouvoir!
J'avais, depuis hier, un besoin de vous voir!...

LE MINISTRE.

Quelque soupçon jaloux? et votre âme brûlante....

Mme DE RANCY.

Je viens vous proposer une affaire excellente.

LE MINISTRE.

Pour vous?

Mme DE RANCY.

Non, pour nous deux.

LE MINISTRE.

Asseyez-vous, causons.

Mme DE RANCY.

Vous serez étonné de mes combinaisons.
J'ai chiffré, calculé toute la nuit dernière :
J'ai, bien certainement, la tête financière.

LE MINISTRE.

Parlez donc.

Mme DE RANCY.

Vous savez que depuis cinquante ans
Paris fait chaque jour des progrès étonnants;
Par cent canaux divers ici l'argent circule;

Tout le monde trafique, et sur tout on spécule,
Marchandises, terrains, rentes, lots, actions;
Et pour tant de contrats, ventes, transactions,
Pour tant d'achats, de prêts, d'échanges, d'inventaires,
Nous avons seulement cent quatorze notaires,
Soixante agents de change; un tel nombre, à présent,
Laisse tout en souffrance, et n'est plus suffisant.

LE MINISTRE.

Eh bien?

Mme DE RANCY.

De tous côtés l'on murmure, l'on crie,
Commerçants et rentiers, la banque et l'industrie;
Il faut doubler le nombre, et c'est votre devoir.

LE MINISTRE.

En tous cas, il faudrait, vous devez le savoir,
Être Garde-des-Sceaux, ministre des Finances,
Pour proposer au Roi de telles ordonnances.

Mme DE RANCY.

Vous pouvez au Conseil faire entendre du moins
Les plaintes du public, ses vœux et ses besoins,
N'est-ce pas?

LE MINISTRE.

Il est vrai. Mais enfin je suppose
Que le Conseil se range aux raisons que j'expose;
Des offices nouveaux sont créés, soit; après?
Qu'est-ce que tout cela fait à nos intérêts?

Mme DE RANCY.

Vous ne comprenez rien.

LE MINISTRE.

Voyons, quel avantage?...

Mme DE RANCY.

Ces charges, le Conseil alors se les partage;
Pareil nombre à chacun vous est abandonné.

LE MINISTRE.

J'entends; et nous vendons ce qui nous est donné.

Mme DE RANCY.

Justement.

LE MINISTRE.

Ce trafic, je ne saurais l'admettre :
Je ne veux pas pour vous enfin me compromettre.

Mme DE RANCY.

Quel scrupule vous prend? Vous avez fait bien pis.

LE MINISTRE.

Madame!...

Mme DE RANCY.

Ah çà! quelqu'un est donc sous ce tapis?
Derrière cette porte? on peut donc nous entendre?

LE MINISTRE.

Nous sommes seuls.

Mme DE RANCY.

Alors, je n'y puis rien comprendre.
Vous semblez hésiter! vous faites des façons!
Oubliez-vous, mon cher, que nous nous connaissons?
Que vous avez, par moi, de nombreux tributaires?
Que je suis tous les jours votre courtier d'affaires?
Allons, ranimez-vous, pas de timidité.

LE MINISTRE.

C'est que rien n'est égal à votre avidité!
Brevet, théâtre, emploi, privilége, entreprise,
Tout vous convient, pour vous tout est de bonne prise;

PARTIE I, SCÈNE II.

Vous demandez sans cesse; et le moindre ruban,
Le moindre emploi, par vous sont vendus à l'encan.

Mme DE RANCY.

Ces marchés n'ont-ils pas une secrète clause?
Cherchez bien. *A Monsieur je rendais quelque chose,*
Dit maître Petit-Jean.... Ne nous reprochons rien;
Je travaille pour vous, et vous le savez bien.

LE MINISTRE.

Non, tenez, je suis las de tout ce tripotage,
Et je ne prétends pas le souffrir davantage.

Mme DE RANCY.

Monsieur de Montanclos, vos discours insultants,
Vos reproches grossiers ont duré trop longtemps.
Vous voulez rompre? eh bien, vous en êtes le maître;
Mais votre repentir viendra trop tard peut-être;
Songez-y.

LE MINISTRE.

Qu'est-ce donc? et d'où naît ce courroux?
Lorsque tranquillement je m'explique avec vous....

Mme DE RANCY.

Non, non, mon amitié vous devient fatigante,
Je le sens; à vos yeux je suis une intrigante,
Une femme cupide....

LE MINISTRE.

Eh non! Écoutez-moi;
Je rends toute justice à votre bonne foi;
En tout temps, en tout lieu, c'est sur vous que je compte;
Mais déjà de sots bruits circulent sur mon compte,
Certain journal, habile à répandre le fiel,
A parlé de cadeaux, de pots-de-vin....

Mme DE RANCY.

O ciel!

LE MINISTRE.

A mots couverts; n'importe : et vous devez comprendre
Quelles précautions désormais il faut prendre.

Mme DE RANCY.

A la bonne heure au moins! quand vous parlez ainsi,
Avec calme....

LE MINISTRE.

J'ai tort. Mais convenez aussi
Qu'à sauver les dehors vous ne vous prêtiez guères.
Croyez-moi, renoncez à ces profits vulgaires,
A ces présents mesquins trop peu dignes de vous,
Et qui pourraient un jour déposer contre nous.

Mme DE RANCY.

Soit; je vous le promets.

LE MINISTRE.

S'il s'offre par la suite
Quelque affaire importante et prudemment conduite,
Où l'on trouve à la fois et profit et secret,
Alors....

Mme DE RANCY.

Comme aujourd'hui, par exemple.

LE MINISTRE.

A regret
Je verrais échapper une si belle proie.
Oui, ces charges... sans doute... Oui... mais par quelle voie
Obtenir du Conseil?... Oh! c'est fort délicat!

Mme DE RANCY.

Vous êtes au besoin un si bon avocat!

PARTIE I, SCÈNE II.

LE MINISTRE.

J'y songerai. D'abord, avant que je m'explique,
Il est bon de sonder l'opinion publique ;
J'ai ce qu'il faut, un homme adroit, intelligent....

Mme DE RANCY.

Surtout dépêchez-vous, car j'ai besoin d'argent.

LE MINISTRE.

Vous ?

Mme DE RANCY.

Oui, de créanciers sans cesse importunée....
Je n'ai jamais été, je crois, aussi gênée.

LE MINISTRE, allant à son secrétaire.

Que ne le disiez-vous ?... Voici dix mille francs.

Mme DE RANCY.

Mais....

LE MINISTRE.

Prenez. Oublions nos fâcheux différends.

Mme DE RANCY.

Je ne m'en souviens plus : cette marque d'estime
Vous donne à l'indulgence un droit trop légitime.
Mais il est tard, adieu. Vous verrai-je ce soir ?

LE MINISTRE.

Si je puis m'échapper.

Mme DE RANCY.

Je l'espère. Au revoir.

LE MINISTRE.

Permettez....

Mme DE RANCY.

Restez donc.

LE MINISTRE.

Adieu, chère Émilie.

LE MINISTRE, seul.

O ciel! et voilà donc la chaîne qui me lie!
Voilà le joug honteux où je me suis soumis!....
Exposé chaque jour à me voir compromis;
N'osant rien refuser; esclave d'un caprice;
Pressuré par son luxe et par son avarice....
Oh! maudit soit l'amour qui m'a placé si bas!
Une femme partout attachée à mes pas,
Qui ne sent rien, qui vit d'artifice et d'intrigue,
Et qui n'aime de moi que l'or que je prodigue!...
Ah! donnons-lui de l'or!... Un éclat me perdrait,
Et je dois à tout prix acheter le secret.
Oui, tel est mon destin, il faut qu'il s'accomplisse!
Soumettons-nous.

LE MINISTRE, LE PRÉFET DE POLICE.

L'HUISSIER annonce.
Monsieur le Préfet de police.
LE MINISTRE.
C'est vous, mon cher Préfet? Quel motif important....
LE PRÉFET.
De l'aspect de Paris je ne suis pas content.
LE MINISTRE.
Qu'est-ce donc?

LE PRÉFET.

Je ne sais; mais je crains quelque chose.
Une agitation, dont je cherche la cause,
Règne dans les esprits.

LE MINISTRE.

Ce n'est pas étonnant :
Par la loi que les Pairs discutent maintenant
L'espérance ou la crainte est partout excitée;
Rien de plus. Aussitôt qu'elle sera votée,
Ces flots s'apaiseront; et dans votre cité
Vous reverrez le calme et la tranquillité.

LE PRÉFET.

Mais la loi sera-t-elle adoptée?

LE MINISTRE.

Oh! sans doute....
Tout l'annonce du moins.

LE PRÉFET.

N'importe, je redoute
Quelque trouble; le peuple est sombre, impatient.

LE MINISTRE.

Vous êtes trop craintif.

LE PRÉFET.

Et vous trop confiant.
Le feu couve d'abord, puis l'incendie éclate.
Ce peuple, à tout propos on l'encense, on le flatte;
Sans cesse on lui redit son pouvoir et ses droits :
Il a des courtisans plus encor que les Rois.
Aussi de jour en jour croissent ses exigences :
Une déception produirait des vengeances.
Enfin ce qu'il entend par le niveau des lois,

C'est le partage égal des biens et des emplois ;
Toutes les sommités lui semblent importunes ;
Il veut l'égalité des rangs et des fortunes.
L'orage n'est pas loin.

LE MINISTRE.

Vous voyez tout en noir.

LE PRÉFET.

Dire ce que je pense est mon premier devoir ;
Et, je vous l'avouerai, je ne suis pas tranquille.

LE MINISTRE.

Vous avez des agents ; qu'ils parcourent la ville,
Qu'ils recueillent partout ce qu'on fait, ce qu'on dit,
Ensuite nous verrons.

LE PRÉFET.

Fort bien ; mais le crédit
Que vous m'avez ouvert est épuisé.

LE MINISTRE.

La somme
Était....

LE PRÉFET.

Insuffisante.

LE MINISTRE.

Il faut être économe.
Vous prétextez toujours des craintes, des soupçons,
Et c'est pour en venir à demander des fonds.

LE PRÉFET.

Mais....

LE MINISTRE.

Je n'ai pas d'argent.

PARTIE I, SCÈNE II.

L'HUISSIER, entrant avec Gervais.

Si monsieur veut permettre,
Gervais....

LE MINISTRE, à Gervais.

Arrivez donc !

GERVAIS.

J'ai remis votre lettre...

LE MINISTRE.

Pour aller à Beauvais, deux heures !

GERVAIS.

Pardonnez !
A la locomotive un accident....

LE MINISTRE.

Donnez,
Et laissez-nous.

(L'huissier et Gervais sortent.)

Voyons.

(Il lit.)

« Monsieur le Ministre, au reçu de votre dépêche j'ai
« donné des ordres pour l'arrestation des individus que vous
« me signalez; mais j'apprends à l'instant que ce matin
« même, à six heures, ils ont quitté cette ville pour se
« rendre à Paris par la voie du chemin de fer.

« On ignore complétement où ils doivent descendre à
« Paris; le seul renseignement que je puisse vous fournir,
« c'est que leur bagage, au moment de leur départ, se com-
« posait d'une malle en cuir, et de deux sacs de nuit, dont
« un à cadenas.

« Je regrette, etc., etc. »

Quelle fâcheuse affaire !
Aussi, depuis trois jours, on hésite, on diffère....

LE PRÉFET.

Et qui sont ces gens-là?

LE MINISTRE.

Des gens fort dangereux.
Tous les avis secrets qu'on m'a donnés sur eux....

LE PRÉFET.

On peut les retrouver.

LE MINISTRE.

Vous croyez?

LE PRÉFET.

Je le pense.

LE MINISTRE.

Je compte donc sur vous. Démarches, soins, dépense,
N'épargnez rien.
(Lui donnant les papiers.)
Voici tous les renseignements.
Vous avez là leurs noms et leurs signalements.
Songez bien qu'à tout prix il faut qu'on les saisisse.

LE PRÉFET.

J'entends. Mais tout se paye, et surtout la police :
Je vous ai déjà dit que je n'ai plus d'argent.

LE MINISTRE.

Il n'en démordra pas!

LE PRÉFET.

Le besoin est urgent.

LE MINISTRE, allant chercher des billets de banque.

Vous épuisez la caisse.... oui, je vous le proteste....
Voilà six mille francs... c'est tout ce qui me reste;
Car tout à l'heure encor, pour de hauts intérêts,

Pour affaires d'État, j'ai, sur les fonds secrets,
Été contraint de prendre une somme très-forte.
Mais laissons cet objet qui fort peu vous importe.
Partez donc; à vos gens allez donner l'éveil;
Et moi, sans plus tarder, je me rends au Conseil.

PREMIÈRE PARTIE.

SCÈNE III.

PERSONNAGES

DE LA SCÈNE TROISIÈME.

VICTOR GRICHARD,
CÉLINE,
DOGARD,
CLUCHET.

La scène est à Paris, chez Céline.

PREMIÈRE PARTIE.

SCÈNE III.

Chez Céline.

VICTOR, en veste ronde et coiffé d'une calotte grecque, est assis devant une table couverte de papiers, de brochures et de journaux. Dans une autre partie de la chambre sont un métier à broder, et divers objets à l'usage d'une femme.

VICTOR, tenant un journal.

Quels actes! quels discours!... Ministère impotent!...
(Jetant le journal sur la table.)
Que tous ces hommes-là sont petits! Et pourtant,
Lorsque leur nullité de jour en jour éclate,
Ils ont la tête haute, on les vante, on les flatte;
Moins ils ont de valeur, plus ils sont suffisants!...
Mais je vaux mieux vingt fois que ces plats courtisans,
Ces administrateurs d'esprit faux et futile,
Esclaves insolents d'un monarque inutile!
L'intérêt est leur Dieu, l'intrigue est leur soutien;
Ils gouvernent l'État!... et moi je ne suis rien!
J'épuise en vains efforts cette ardeur qui m'embrase;
Je suis l'insecte obscur qu'en passant on écrase!
Après cinq ans entiers de travaux, de combats,
Dans la poussière ainsi toujours je me débats;
Le sort se fait un jeu de ma persévérance!
Ah! c'en est trop enfin! je suis las d'espérance;
Las de marcher toujours sans avancer jamais!

Le but semble me fuir!... Qu'attendre désormais?
Malgré tous nos écrits, le peuple est impassible!...
Quoi! sortir du néant ne m'est donc pas possible?
Les talents et le cœur ne me suffisent pas!
L'échelon que j'atteins se brise sous mes pas!...
Quel sort! Et pas de terme à cet affreux supplice!
Aucun ne me comprend, nul ne me rend justice....
Moi, rester ignoré, misérable, avili!...
Non, il vaut mieux mourir que vivre dans l'oubli!
A ma patrie ingrate imprimons cette tache :
A qui me méconnaît nul devoir ne m'attache ;
Mon trépas répandra les regrets et l'effroi....
Quand je ne serai plus, on parlera de moi!
Les journaux.... Mais Céline.... Eh bien, Céline m'aime,
Elle souffre avec moi, notre sort est le même ;
La fin de nos tourments lui doit être un bienfait....
C'est elle!

VICTOR, CÉLINE.

CÉLINE.
Eh bien, Victor, ton article est-il fait?
VICTOR.
Non; je n'y songeais pas : un autre soin m'occupe.
De mes illusions j'ai cessé d'être dupe;
Trop longtemps je me plus à les entretenir.
Pour moi pas de succès, de gloire, d'avenir.
Cette gloire, de loin je l'avais aperçue,
Et j'ai pris pour l'atteindre un chemin sans issue :

Tout autre m'est fermé! Chacun, d'après nos lois,
Est, selon son mérite, admissible aux emplois....
Je le croyais!... mais non; la Charte n'est point vraie;
Le bon grain est partout étouffé par l'ivraie;
Pour la classe moyenne on fait tout aujourd'hui,
Et le moindre bourgeois trouve un facile appui;
Mais pour nous, gens de peu, le sort jamais ne change,
On ne nous permet pas de sortir de la fange :
Dans l'abîme toujours nous sommes repoussés....
Moi j'ai lutté cinq ans, Céline.... et c'est assez !

CÉLINE.

Qu'entends-je? qu'est-ce donc? que faut-il que je croie?
Quel est ce désespoir où tu sembles en proie?
Hier si confiant, à présent abattu!...
Qu'est-il donc arrivé? dis, qu'as-tu? que crains-tu?
D'où vient ce trouble affreux dont ton âme est atteinte?

VICTOR.

L'espérance en mon cœur est à jamais éteinte;
Je suis las de tenter des efforts superflus;
J'accepte mon malheur, je ne résiste plus....
Mais traîner dans l'opprobre une lâche existence,
A des travaux obscurs résigner ma constance,
Aux derniers rangs du peuple aller cacher mon front,
Souffrir de n'être rien l'insupportable affront,
Sentir peser sur moi le mépris et l'outrage,
Jamais!... C'est aux cœurs vils qu'appartient ce courage.
Mais moi....

CÉLINE.

N'achève pas!... ah! Victor!

VICTOR.

Calme-toi.
Oui, chercher le repos est un besoin pour moi.
Tu le vois bien, ma vie est misérable, affreuse....
Toi-même, je le sais, je te rends malheureuse....
L'amour t'avait promis la paix et le bonheur;
Que t'a-t-il apporté? souffrance, déshonneur :
Dans tes yeux, souriant pour tromper mes alarmes,
J'aperçois chaque jour la trace de tes larmes;
Tu détestes l'abîme où j'ai conduit tes pas....
Eh bien, viens avec moi, ne nous séparons pas.
Ainsi que notre amour le malheur nous rassemble;
D'un monde injuste et faux éloignons-nous ensemble;
Disons-lui l'un et l'autre un éternel adieu.
Réponds-moi, le veux-tu?

CÉLINE.

Victor, je crois en Dieu.

VICTOR.

Dieu?... qu'a-t-il fait pour nous? ce n'est qu'un mot sans doute

CÉLINE.

Ah! ne blasphème pas!

VICTOR.

Oui, je m'égare.

CÉLINE.

Écoute :
Tes désirs sont pour moi des ordres absolus;
Dispose de mes jours.... je t'ai donné bien plus!
Mais regarde, Victor, je suis faible, timide;
En toi j'ai vu toujours mon soutien et mon guide;
Tout en brisant mon cœur, ta mâle ambition

M'imposait le respect et l'admiration !...
Et maintenant il faut que ma voix te soutienne ;
Tu descends à ma place et je monte à la tienne ;
Je dois prendre le soin d'éveiller ta vertu !
Moi ! Victor ! une femme !... Et de quoi te plains-tu ?
Quel est donc ce malheur sans terme et sans ressource ?
Pourquoi tarir ta vie aussi près de sa source ?
Aux honneurs jusqu'ici tu n'as pu parvenir !
Tout espoir est perdu ! tu n'as plus d'avenir !...
Quoi ! tu veux t'élever, et ne sais pas attendre ?
Ces dignités, sitôt as-tu droit d'y prétendre ?
Quelques écrits à peine ont marqué ton début ;
Dès l'instant du départ tu veux toucher au but ?
Tu veux que le soleil se montre avant l'aurore ?
Tu veux cueillir le fruit quand la fleur vient d'éclore ?..
Sois homme : que l'honneur affermisse tes pas ;
Le soleil et les fruits ne te manqueront pas !
Oui, reprends ta vertu, ta force, ta noblesse ;
Rougis, mais avec moi, d'un instant de faiblesse ;
Songe à Céline enfin ; et que ta gloire un jour
Fasse excuser, du moins, ma faute et mon amour.

VICTOR.

Oui, tu m'ouvres les yeux, tu me rends à moi-même.
Ah ! Céline, comment faut-il donc que je t'aime !
Combien en cet instant tu l'emportes sur moi !
Que je me sens petit et faible auprès de toi !

CÉLINE.

J'attendais ce retour ; va, mon cœur l'apprécie.
Victor, je suis heureuse, et je te remercie.

VICTOR.

J'ai honte....

CÉLINE.

Ah! c'est assez; tout est dit désormais :
Guéri de ton erreur, ne m'en parle jamais.

VICTOR.

Mon ange protecteur, ma Céline adorée,
Pour embellir mes jours, oui, le ciel t'a créée!
Oh! combien tu m'es chère! et qu'il me sera doux
De me parer enfin du nom de ton époux!

CÉLINE.

Hélas! s'il était vrai!

VICTOR.

Je le vois, tu m'accuses;
Ton cœur à mes retards ne peut trouver d'excuses;
J'aurais dû vers l'autel déjà presser tes pas?

CÉLINE.

Oh! non.... j'attends, j'espère, et ne t'accuse pas.

VICTOR.

Eh bien, je vais parler.... un tel aveu me coûte,
Car tu vas me gronder.... mais il n'importe! écoute :
Je ne possède rien, qu'un talent méconnu;
Le produit de ma plume est mon seul revenu;
Tandis que toi, Céline, une riche parente,
En mourant, t'a laissé deux mille francs de rente!...
Ma fierté....

CÉLINE.

Que dis-tu? quoi! c'est le seul motif?...

VICTOR.

Le seul.

CÉLINE.

Et je croyais.... oui, mon esprit craintif....
Pardonne à ma frayeur, hélas! trop légitime!
Souvent on aime encor quand on n'a plus d'estime.

VICTOR.

Qu'oses-tu dire? ô ciel! tu pourrais soupçonner....
Ah! ce seul mot suffit à me déterminer.
C'est trop nous tourmenter de craintes ridicules :
Oui, j'abjure à tes pieds mon orgueil, mes scrupules.
Te mésestimer! toi? non, ma Céline, non!...
Reviens de ton erreur en acceptant mon nom.

CÉLINE.

Ta femme!... oui, j'avais droit à cette récompense!

VICTOR.

J'entends quelqu'un!... Dogard avec Cluchet, je pense;
Ils viennent me chercher. Tantôt, à mon retour,
De notre hymen tous deux nous fixerons le jour.

LES PRÉCÉDENTS, DOGARD, CLUCHET.

CLUCHET.

Es-tu prêt?

VICTOR.

Dans l'instant.

DOGARD.

Savez-vous la nouvelle
Qui court dans tout Paris?

VICTOR.

Non; voyons, quelle est-elle?

DOGARD.

Parmi les courtisans c'est un trouble, un effroi!...
Il s'agit d'un complot contre les jours du Roi.

CÉLINE.

Ciel!

VICTOR.

Se peut-il? achève.

DOGARD.

Oh! du bruit, du scandale;
On parle de pétards, de machine infernale;
D'amas d'armes trouvés en cinq ou six endroits.

CÉLINE.

On a donc découvert...?

CLUCHET.

Eh! oui! Les maladroits
N'ont pas su combiner leur affaire; ou peut-être
Dans leurs rangs la police a glissé quelque traître.

VICTOR.

Ah! tant mieux!

CLUCHET.

Songe donc qu'ils servaient nos desseins.

VICTOR.

Qu'avons-nous de commun avec des assassins?

CÉLINE.

Bien, Victor!

VICTOR.

Est-ce au crime à nous frayer la route?
Vous pensez comme moi, j'en suis sûr.

CLUCHET.

Oh!... sans doute.

DOGARD.

Oui, Victor a raison, l'honneur, la probité....
Mais leur succès pourtant nous aurait profité :
Un tel coup des partis eût abrégé la lutte.

VICTOR.

Assez!... Je suis à vous, messieurs, dans la minute ;
Je ne veux que le temps de passer un habit.

(Il sort avec Céline.)

DOGARD, CLUCHET.

CLUCHET.

Dogard, que penses-tu de ce départ subit ?
De l'indignation qu'à nos yeux il affecte ?

DOGARD.

Oh! sa sincérité ne peut être suspecte :
D'un pareil attentat il livrerait l'auteur.

CLUCHET.

Tu crois?... c'est qu'il n'est pas encore à la hauteur;
C'est un modéré.

DOGARD.

Lui ?

CLUCHET.

Je l'aime, je l'estime ;
Mais de ses préjugés il deviendra victime.
Tu le vois, il répugne aux moyens violents;
Il veut aux dignités monter par les talents ;
Sottise! Des rigueurs sont d'abord nécessaires :
Point de ménagement avec nos adversaires.

La générosité, la vertu, c'est fort bien ;
Mais nous, qui n'avons rien et qui ne sommes rien,
Pouvons-nous acquérir le rang et l'opulence,
Sans faire aux possesseurs un peu de violence?
Sans nuire à quelques-uns de nos concitoyens?
Impossible! qui veut la fin veut les moyens.
Guerre aux riches! c'est là mon cri, c'est ma devise;
Contre eux tout est permis, tout est de bonne prise.
Plus tard, quand de leurs biens nous aurons hérité,
Nous défendrons les droits de la propriété.

DOGARD.

Bravo, docteur Cluchet! vive ta politique!
Il me tarde déjà de la mettre en pratique.
La fortune à tout prix; oui, tous deux, promettons....

VICTOR, rentrant.

Messieurs, quand vous voudrez.

CLUCHET.

Il est midi, partons.

PREMIÈRE PARTIE.

SCÈNE IV.

PERSONNAGES

DE LA SCÈNE QUATRIÈME.

DUCROISY, Député, Propriétaire d'un Journal.
BAUDRICOUR, son Ami.
VICTOR GRICHARD.
COUTURIER.
DOGARD.
CLUCHET.
LECOUVREUR, jeune Littérateur.
BUSINEAU, jeune Peintre.
MOREL, Employé au Journal.
Un Domestique.

La scène est à Paris, chez M. Ducroisy.

PREMIÈRE PARTIE.

SCÈNE IV.

Chez M. Ducroisy.

DUCROISY, des papiers à la main.

Oui, l'article est bien fait, nous n'avons rien à craindre ;
Le procureur du Roi ne saurait nous atteindre :
Et pourtant nous livrons aux brocards, aux mépris,
Ces récits de complot qui troublent tout Paris.
(Il jette les yeux sur l'article.)
Oui, c'est cela. Le peuple est railleur et crédule;
Chez nous rien ne résiste au trait du ridicule;
Le vrai sens d'une phrase est aisément saisi....

~~~~~~

DUCROISY, BAUDRICOUR.

DUCROISY.

Ah! c'est toi, Baudricour?

BAUDRICOUR.

     Oui, mon cher Ducroisy.

DUCROISY.

Eh bien?

BAUDRICOUR.

Ah! laisse-moi le temps de me remettre,

Car j'ai fait dans Paris plus d'un myriamètre.
Je suis rendu!

DUCROISY.
Ton zèle....

BAUDRICOUR.
Est d'obligation;
Notre cause.... A propos, la conspiration?

DUCROISY.
Ah! ne m'en parle pas! des fous! des imbéciles!
Nos projets sont par eux rendus plus difficiles.
Quelques écervelés nous déranger ainsi!
C'est désolant!

BAUDRICOUR.
Du moins, s'ils avaient réussi!

DUCROISY.
J'en serais bien fâché.

BAUDRICOUR.
Quel intérêt si tendre?...

DUCROISY.
Nous ne sommes pas prêts, il faut encore attendre.
Qu'importe que le Roi tombe seul aujourd'hui?
C'est le trône qu'il faut renverser avec lui.

BAUDRICOUR.
Mais dis-moi, ce complot qu'en tous lieux on raconte,
Dans le journal pourtant il faut en rendre compte.
C'est embarrassant.

DUCROISY, *lui donnant l'article.*
Vois, l'article est rédigé.
L'attentat n'est pas vrai, tout était arrangé;
De cette invention le Roi même est complice,

Et chacun reconnaît l'œuvre de la police.
BAUDRICOUR.
Le moyen n'est pas neuf, mais réussit toujours.
Puis, l'article est adroit, piquant; avant deux jours,
Le public, convaincu de la supercherie,
Va des périls du Roi faire une moquerie.
DUCROISY.
C'est mon but. Le complot sans cela jetterait
Sur le Prince et les siens un certain intérêt :
Gardons de le souffrir. Il est bon, il est juste
Que Philibert second, notre monarque auguste,
Ne puisse des Français gagner l'affection.
Mais c'est assez; laissons la conspiration.
Qu'as-tu fait ce matin?
BAUDRICOUR.
          D'abord chez nos fidèles
J'ai porté le mot d'ordre.
DUCROISY.
          Eh bien, quelles nouvelles?
BAUDRICOUR.
Leur patiente ardeur ne se ralentit pas.
Vers le but chaque jour nous faisons quelques pas.
De dévouement au trône il n'est plus d'apparence :
Ceux qui n'ont pas de haine ont de l'indifférence.
Le marchand, le bourgeois, le peuple intelligent,
Ne pensent qu'aux moyens de gagner de l'argent :
Seul, cet âpre désir les émeut, les inspire;
Toute autre affection sur eux n'a plus d'empire;
L'intérêt général ne saurait les toucher,
Si leur propre intérêt ne s'y vient rattacher :

Monarque, Dictateur, Consuls, peu leur importe ;
Et tout régime est bon, pourvu qu'il leur rapporte.
Ces hommes-là pour nous ne sont pas dangereux.
Sans doute le pays ne peut compter sur eux,
Ils ne s'armeront pas pour servir notre cause ;
Mais ils laisseront faire, et c'est la même chose.
Quant au vrai peuple, oh ! lui, nous aurons ses secours ;
Aux révolutions il se complaît toujours :
Poussé par le besoin, l'envie, ou la souffrance,
Pour lui tout changement fait naître une espérance.
La monarchie enfin touche au terme fatal ;
Et si le comité veut donner le signal,
Rien ne peut protéger ce trône qui chancelle,
Et tout va s'embraser à la moindre étincelle.

DUCROISY.

Je te l'ai déjà dit, il n'est pas encor temps.
Oui, nous pourrions armer nombre de mécontents ;
Mais ne nous laissons pas surprendre à cette amorce :
La loi d'élection, c'est là qu'est notre force.
Nous l'obtiendrons. Alors, grâce à nos comités,
Les seuls républicains sont nommés députés....
Attendons cette Chambre, et laissons-lui sa proie.
Nous pouvons cependant lui préparer la voie,
Et détruire un obstacle à nos vœux les plus chers,
En nous débarrassant de la Chambre des Pairs.
Elle ne tient à rien, la briser est facile ;
Une émeute suffit.... et le peuple est docile.

BAUDRICOUR.

Eh bien, que ce grand coup ne soit plus reculé ;
Le moment est propice.

DUCROISY.

                Oui, j'ai tout calculé.
Les Pairs vont rejeter, j'en ai la confiance,
Cette loi qu'on attend avec impatience :
Ils n'empêcheront rien par ce zèle indiscret;
Mais ils auront alors prononcé leur arrêt.

BAUDRICOUR.

Contre eux, de toutes parts, l'opinion s'explique :
Rien qu'une Chambre; et puis.... vive la république!

DUCROISY.

Pas d'imprudence! Il faut qu'un pareil monument,
Pour qu'il puisse durer, soit construit lentement.
L'affermir est surtout le triomphe où j'aspire.

BAUDRICOUR.

Ton génie aurait pu gouverner un empire....
Va, le peuple à tes mains confiera le pouvoir.

DUCROISY.

Nous n'en sommes pas là; je ne veux pas prévoir
Ou sa reconnaissance ou son ingratitude.

BAUDRICOUR.

Tiens, Ducroisy, j'éprouve une autre inquiétude.

DUCROISY.

Quoi donc?

BAUDRICOUR.

             La république est facile à fonder :
Sur ce point nos amis semblent tous s'accorder.
Mais de sages esprits, des hommes que j'estime,
Ont la conviction inébranlable, intime,
Que ce gouvernement ne peut nous convenir,
    hez nous ne saurait longtemps se maintenir.

Nos aïeux en ont fait la triste expérience ;
Et cet exemple enfin détruit la confiance.

DUCROISY.

Nous sommes seuls, je puis te répondre. En effet,
Un essai malheureux a jadis été fait.
Alors un peuple esclave a relevé sa tête ;
Du nom de citoyen il a fait la conquête :
Au flot de sa colère un trône est emporté.
Sa bouillante valeur, ses cris de liberté,
Ont mis au cœur des rois une terreur profonde ;
Et ses fers en tombant ont ébranlé le monde.
Mais bientôt on l'a vu, dépouillé de ses droits,
Subir un Empereur, puis accepter des Rois.
Ce retour sous le joug facilement s'explique.
D'abord, sur la terreur fondant la république,
Ceux à qui le pouvoir avait été commis
Du peuple sans pitié frappaient les ennemis ;
Du noble, du puissant le riche était complice ,
Et tous étaient en masse envoyés au supplice.
Trop tôt de ces vengeurs les bras se sont lassés.
On versa bien du sang.... mais pas encore assez :
Du peuple on enchaîna les fureurs légitimes ;
Au lieu d'immoler tout, on choisit les victimes !...
Voilà quel fut leur tort. Sachons en profiter :
Quand on connaît l'écueil on le peut éviter.
En révolution, pas de pitié ; le glaive
Doit s'étendre à l'instant sur tout ce qui s'élève :
Le scrupule est un crime.... Un chef républicain
Ne doit pas oublier les pavots de Tarquin.

PARTIE I, SCÈNE IV.

BAUDRICOUR.

C'est un chef tel que toi qu'il faudrait à la France.

DUCROISY.

Occupons-nous d'abord de notre délivrance ;
Le reste.... nous verrons ; l'heure n'a pas sonné.
Tu dis donc que partout le mot d'ordre est donné,
N'est-ce pas ?

BAUDRICOUR.

Oui, chacun, avec un soin extrême,
Exécutera....

DUCROISY.

Bien ! C'est ce qu'il faut. Moi-même,
A tous nos jeunes gens, mes disciples, les tiens,
Je vais dire deux mots.

BAUDRICOUR

Voilà de bons soutiens !
Ainsi tu les attends ?

DUCROISY.

Sans doute ; et voici l'heure
Où d'ordinaire....

BAUDRICOUR.

Eh bien, je te quitte.

DUCROISY.

Demeure.
Puis, j'ai besoin de toi. Tiens, viens te mettre ici,
Tu vas me rédiger la note que voici.

BAUDRICOUR.

Donne.

Les précédents, MOREL.

DUCROISY.

Pendant ce temps, je vais laver la tête
A ton ami Morel.

BAUDRICOUR.

C'est un garçon honnête,
Bien pensant.

DUCROISY.

Il se peut; mais cet original
Ne comprend ni l'esprit ni le but du journal.

BAUDRICOUR.

Il débute.

MOREL.

Mon zèle....

DUCROISY.

Oui, je vous rends justice;
Mais il faut constamment que l'on vous avertisse....
Aujourd'hui, par exemple, eh bien, vos *Faits Paris*
Sont absurdes.

MOREL.

Pourtant, monsieur....

DUCROISY.

Je suis surpris
Que vous n'en sentiez pas le danger.

MOREL.

Il me semble....

PARTIE I, SCÈNE IV.

DUCROISY.

Tenez, vous allez voir; examinons ensemble.

(Il lit.)

« Messieurs tels, Pairs de France, et messieurs tels, Dé-
« putés, ont eu l'honneur de dîner chez le Roi. »

L'honneur! vous oubliez mes leçons, mes conseils.
Pouvons-nous insérer des articles pareils?
Ont eu l'honneur!

MOREL.

Partout n'a-t-on pas l'habitude?...

DUCROISY.

Fi! langage de Cour, bassesse, servitude.
Nous n'en sommes plus là, grâce au ciel! Aujourd'hui
On fait au Roi l'honneur de dîner avec lui.
Vous changerez cela! Songez que le monarque
N'est qu'un fonctionnaire. Encore une remarque :
Ensemble, par hasard, lorsque vous les citez,
Placez toujours les Pairs après les Députés.
Le moyen est petit, sa portée est immense.

MOREL.

Il suffit.

DUCROISY.

Poursuivons.

(Il lit.)

« Le Roi et la famille royale ont visité hier, dans le plus
« grand détail, plusieurs hôpitaux de Paris; les malades... »

Êtes-vous en démence?
Apprendre au peuple.... Allons, supprimez tout cela;
On ne parle jamais de ces visites-là.

MOREL.

Je ne l'oublîrai pas.

DUCROISY.

Et cet autre passage :

(Il lit.)

« Aujourd'hui le Roi est resté cinq heures à l'exposition
« de l'industrie ; il s'est entretenu avec la plupart des fabri-
« cants, etc. »

Autant dire du Roi qu'il est instruit et sage,
Qu'il protége les arts, le commerce !

MOREL.

J'ai tort,
J'en conviens.

DUCROISY.

Achevons.

(Il lit.)

« La reine et les princesses, dont la bienfaisance est iné-
« puisable, viennent d'envoyer à chacun des bureaux de
« charité une somme.... »

De plus fort en plus fort !
Votre patriotisme étrangement s'explique.
Ah çà ! désirez-vous ou non la république ?

MOREL.

Oui, certe.

DUCROISY.

Et ce fatras, vous vouliez l'imprimer ?
Mais c'est le trône ainsi que vous feriez aimer !
Sachez qu'une gazette et sincère et loyale
Jamais ne doit louer la famille royale :
Le peuple au moindre mot se prend d'affection ;
C'est dangereux.

MOREL.

Croyez que mon intention....

DUCROISY.

Des articles pareils corrompraient les provinces.
Souvenez-vous-en bien, jamais un mot des princes;
Ou plutôt montrez-les plongés dans les plaisirs,
Dissipant des trésors pour charmer leurs loisirs;
Décrivez leurs festins, leurs concerts et leurs fêtes;
Laissez même entrevoir des plaisirs moins honnêtes :
Puis aussitôt, peignez des plus sombres couleurs
La misère du peuple et ses âcres douleurs,
Afin que de la Cour la splendeur et le faste
Offrent avec ces maux un insolent contraste.
Voilà, mon cher ami, comme on fait un journal.

MOREL.

C'est assez : devant moi vous placez le fanal
Qui m'indique la route.

DUCROISY.

Eh bien, zèle et constance.
Mais encore un avis d'une haute importance :
Parlez à tout propos, retenez bien cela,
De Cour, de courtisans et de camarilla.
Une simple piqûre est quelquefois mortelle.

MOREL.

J'entends. Mais cette Cour, monsieur, où donc est-elle?
Quelques aides-de-camp, c'est tout.

DUCROISY.

Je le sais bien;
Je sais leur petit nombre, et qu'ils ne peuvent rien;
Qu'importe? Répétons, d'une plume obstinée,

Que par les gens de Cour la France est gouvernée :
Un fait redit sans cesse à la fin doit toucher,
Et c'est la goutte d'eau qui perce le rocher.

BAUDRICOUR.

Tiens, voilà ton article.

DUCROISY.

Ah! voyons. A merveille!
Lisez cela, Morel; une note pareille
Vous formera l'esprit. Lisez tout haut, lisez.

MOREL.

(Il lit.)

« Le mécontentement des masses s'accroît de jour en jour.
« On assure que des rassemblements nombreux, et manifes-
« tant les sentiments les moins équivoques, ont eu lieu hier
« soir sur la place du Change et sur les boulevards. Il est
« juste de dire que les individus faisant partie de ces groupes,
« et qui ne semblent point appartenir aux dernières classes
« de la société, se sont bornés à proférer des plaintes et à
« exprimer des vœux, et qu'ils ne se sont portés à aucun
« excès répréhensible. Mais il est à craindre que ces rassem-
« blements ne se renouvellent aujourd'hui et les jours sui-
« vants; et qui sait si le peuple, qui a tant à se plaindre,
« conservera toujours la même modération. »

Qu'ai-je lu? Tous ces faits, messieurs, sont supposés.
Oui, l'on vous a trompés d'une manière étrange.

DUCROISY.

Vraiment?

MOREL.

Moi, qui demeure à la place du Change,
Je puis vous garantir que nul trouble hier soir...

PARTIE I, SCÈNE IV.

DUCROISY.

Hier, oui ; mais demain vous pourrez allez voir.

MOREL.

Comment donc ?

BAUDRICOUR.

Va, tu n'es qu'une pauvre cervelle.
Demain on répandra partout cette nouvelle :
Et ne connais-tu pas les badauds de Paris ?
Hommes, femmes, enfants, enchantés et surpris,
Quittant le magasin, l'atelier, la boutique,
Vont se porter en foule aux lieux qu'on leur indique ;
Le grand nombre enhardit même les curieux ;
Chacun dans son voisin croit voir un factieux ;
Alors des aboyeurs nous leur lâchons la meute....
Et voilà, mon garçon, comme on fait une émeute.

MOREL.

Une émeute ? est-il vrai ? quel bonheur !

BAUDRICOUR.

C'est fort bien ;
Mais laisse faire ; toi, ne te mêle de rien.

MOREL.

Je le promets.

DUCROISY.

Allez, Morel ; soyez docile,
Réfléchissez, et tout vous deviendra facile.

(Morel sort.)

DUCROISY, BAUDRICOUR,
ensuite COUTURIER.

DUCROISY.

Il est par trop naïf.

BAUDRICOUR.

Oui, peut-être aujourd'hui;
Mais il se formera; je te réponds de lui.
Tu peux t'en rapporter, mon cher, à ma prudence.

DUCROISY.

A la bonne heure, soit.

UN DOMESTIQUE.

Votre correspondance,
Monsieur.

DUCROISY.

Ah! bon! donnez.

COUTURIER.

Bonjour, messieurs, bonjour.

BAUDRICOUR.

C'est l'ami Couturier!

DUCROISY.

Vois un peu, Baudricour,
Si dans ces lettres-là nous avons quelque chose.
(Baudricour se place à une table, il ouvre les lettres et prend des notes.)
(A Couturier.)
Vous arrivez bien tard.

COUTURIER.

Montanclos en est cause.

Je viens de lui porter un article important.

COUSIN: DUCROISY.

Oui dà?

COUTURIER.

De mon travail je suis assez content.
Tenez-vous bien, mon cher, je vous attaque ferme.

DUCROISY.

Ah çà! voulez-vous donc, sans relâche et sans terme,
Être notre adversaire?

COUTURIER.

Oh! la plume à la main,
Je n'épargnerais pas mon père.

DUCROISY.

Et c'est demain
Que ce fameux article enfin doit nous confondre?

COUTURIER.

Riez; mais nous verrons si vous pourrez répondre.

DUCROISY.

Je dois être tranquille.

COUTURIER.

Oui?

DUCROISY.

Vous en conviendrez,
J'en suis sûr.... car c'est vous, mon cher, qui répondrez.

COUTURIER.

Moi?

DUCROISY.

Vous.

COUTURIER.

A mon article?

DUCROISY.

Eh! oui. Mieux que personne
Vous vous réfuterez.

COUTURIER.
Du moins je le soupçonne.

DUCROISY.
Une bonne réplique, allons, point de quartier;
Que ce second article écrase le premier.

COUTURIER.
Ma foi! je le veux bien. J'ai déjà là mon thème.
J'aime assez à lutter ainsi contre moi-même.
Vous aurez un morceau piquant, je le promets.

DUCROISY.
Et tenez, faisons mieux : Montanclos désormais
Vous emploîra souvent contre nous, tout l'annonce :
Faites en même temps l'article et la réponse.

COUTURIER.
Mais vous serez discret?

DUCROISY.
Un silence absolu.

COUTURIER.
En ce cas, touchez là, c'est un marché conclu.

DUCROISY.
Ah! pourquoi vos talents servent-ils l'injustice!
A notre cause il faut que je vous convertisse :
Votre modérantisme est étroit et mesquin;
Je veux faire de vous un bon républicain.

COUTURIER.
Vous n'y parviendrez pas.

PARTIE I, SCÈNE IV.

DUCROISY.

Et pourquoi, je vous prie?

COUTURIER.

J'aime mieux n'être rien.

DUCROISY.

Nous servons la patrie.

COUTURIER.

La patrie!... enfin, soit, je n'en disconviens pas;
Mais votre république a pour moi peu d'appas.

DUCROISY.

La raison?

COUTURIER.

Oh! d'abord, c'est dans mon caractère.
Puis un gouvernement rigide, avare, austère....
Oui, tous les gens de bien sont d'avance effrayés.
Quoi! plus de fonds secrets, plus de journaux payés!
Plus d'encouragements que sans titre on obtienne!
Que voulez-vous alors, monsieur, que je devienne?
C'est un gouvernement de sauvages.

DUCROISY.

Eh quoi!
A tous ces contes bleus vous ajouteriez foi?
Vous? un homme d'esprit?

COUTURIER.

Vous prêchez la réforme,
Vous criez aux abus....

DUCROISY.

Seulement pour la forme.

COUTURIER.

Vos discours à la Chambre....

DUCROISY.

Oui, tout cela se dit;
Il faut bien sur la foule établir son crédit.
Gagner des partisans, se rendre populaire :
Qui parle économie est toujours sûr de plaire.
De tous les opposants écoutez les discours :
Des abus, disent-ils, nous tarirons le cours;
Il n'est de loyauté que chez nous et les nôtres....
Et dès qu'ils sont en place, ils font comme les autres.

COUTURIER.

Quoi! sous la république, on obtiendrait encor....

DUCROISY.

Sans doute. Nous voulons ramener l'âge d'or;
Mais dans la vertu même il faut que rien ne choque;
Elle doit se plier au besoin de l'époque.

COUTURIER.

Voilà parler!

DUCROISY.

Voyons, voulez-vous un emploi?
Nous vous ferons nommer Député.

COUTURIER.

Non, ma foi!
Député!

DUCROISY.

Mais alors l'embarras est extrême;
Car enfin, les emplois, vous le savez vous-même,
Par les gens de mérite en vain sont disputés;
Ils appartiennent tous de droit aux Députés.

COUTURIER.

Tenez, mon cher ami, restons comme nous sommes :

Vous, avec le désir de gouverner les hommes,
De détruire le trône, et les Rois vos rivaux;
Moi, prenant le plaisir pour but de mes travaux,
Recherchant avant tout ce qui m'est profitable,
Me créant une vie et douce et confortable,
N'ayant d'opinion que la plume à la main,
Ce que j'écris ce soir le réfutant demain,
Étranger aux partis lorsque je les seconde,
En combattant chacun, ami de tout le monde.
Ainsi, libre de soins, dans mon obscurité
Je trouve le bonheur et la sécurité.
Et j'abandonnerais cette heureuse existence?
J'irais, des factions affrontant l'inconstance,
Ranger sous un drapeau ma folle ambition?
N'y comptez pas; pour moi j'ai trop d'affection.
Mon bien-être, voilà ce qui me détermine.
Quels que soient ses projets, son rang, son origine,
Quiconque m'est utile a mon adhésion :
    Le véritable Amphitryon
    Est l'Amphitryon où l'on dîne.

DUCROISY.

Ne vous y fiez pas ; tôt ou tard, croyez-moi,
Qui n'est d'aucun parti les a tous contre soi.

COUTURIER.

Bah! quand on les sert tous on n'en a rien à craindre.

DUCROISY.

Mon pauvre Couturier, que je vous trouve à plaindre!

COUTURIER.

Comment?

DUCROISY.

N'en parlons plus, et restons bons amis.

COUTURIER.

De grand cœur. Excusez, si je me suis permis....

DUCROISY.

J'entends nos jeunes gens.

COUTURIER.

C'est Dogard qui pérore;
Je reconnais sa voix éclatante et sonore.

Les précédents, VICTOR GRICHARD, DOGARD, CLUCHET, LECOUVREUR, BUSINEAU.

CLUCHET.

Et moi, je le soutiens, on peut contre les Rois
Employer....

DUCROISY.

Qu'est-ce donc? vous disputez, je crois.

CLUCHET.

Disputer?... oh! non pas; mais Victor est étrange:
Il appelle forfait un acte qui nous venge.

VICTOR.

Sans doute.

DUCROISY.

A quel propos cette discussion?

DOGARD.

Nous jugions entre nous la conspiration.

DUCROISY.

Eh quoi! cette nouvelle en effet vous occupe?

De ces manœuvres-là que le peuple soit dupe,
Passe; mais vous? un conte à plaisir inventé?

COUTURIER.

Bah?

DUCROISY.

La Police.

CLUCHET.

Eh bien, je m'en étais douté!

DUCROISY.

C'est une comédie.

LECOUVREUR.

Une coupable ruse.

CLUCHET.

Nous devons détromper ce peuple qu'on abuse.

DUCROISY.

C'est lui rendre service.

CLUCHET.

Oui, mes amis, il faut,
Avec zèle, en tous lieux, démentir le complot.

DOGARD.

Cafés, restaurateurs, promenades, spectacles,
Explorons tout.

COUTURIER.

Craignez de trouver des obstacles....

DOGARD.

Laisse donc! je m'y vais employer de ce pas.

CLUCHET, apercevant Baudricour.

Tiens! voilà Baudricour.

DUCROISY.

Ne le dérangez pas.

CLUCHET.

Dès qu'il travaille....

COUTURIER.

Ah çà ! Ducroisy, je vous quitte ;
Vous savez de quel soin il faut que je m'acquitte ?

DUCROISY.

L'article ?

COUTURIER, saluant les jeunes gens.

Justement. Messieurs....

(Couturier sort ; Ducroisy l'accompagne, en causant, jusqu'à la porte.)

Les précédents, excepté COUTURIER.

BUSINEAU.

Ce Couturier
Est un drôle de corps.

DOGARD.

Mais il fait un métier !...

LECOUVREUR.

Il gagne de l'argent.

CLUCHET.

Servir le ministère,
Et l'opposition !

VICTOR.

Oui, pas de caractère,
C'est vrai ; mais bon garçon, de l'esprit, des talents.

BUSINEAU.

Il nous donne d'ailleurs des dîners excellents.

PARTIE I, SCÈNE IV.

LECOUVREUR.

Oh! le gaillard conduit sa barque avec adresse.

DUCROISY, revenant.

A nous autres. Tenez, Cluchet, voici l'adresse
D'un malade qu'il faut aller voir sans retard.

CLUCHET.

Ah! monsieur! vos bontés....

DUCROISY.

Laissons cela. Dogard,
Je vous offre un client. C'est mon ami d'enfance :
On lui fait un procès, vous prendrez sa défense.

DOGARD.

Mon zèle....

DUCROISY.

A vous aussi j'ai songé, Lecouvreur ;
Et pour votre roman je trouve un acquéreur.

LECOUVREUR.

Se peut-il? Et qui donc?

DUCROISY.

Un de nos forts libraires.
Pour une édition de cinq cents exemplaires
Il offre mille francs; si cela vous convient....

LECOUVREUR.

Oui, certes!

DUCROISY.

Votre ouvrage ensuite vous revient :
Une seconde fois je vous le ferai vendre.

LECOUVREUR.

Ce service....

DUCROISY.

Est tout simple, et j'ai dû vous le rendre.
Pour vous, mon cher Grichard, je le dis devant tous,
Je ne puis rien trouver qui soit digne de vous.
Regardez ma maison du moins comme la vôtre.
Ici, mon cher ami, toujours, avant tout autre,
Et tant qu'il vous plaira, vous aurez des travaux.

VICTOR.

C'est trop....

DOGARD.

Non, c'est justice; on sait ce que tu vaux.

LECOUVREUR.

Assurément.

CLUCHET.

Chacun t'estime, t'apprécie.

DUCROISY.

Eh bien, vous entendez?

VICTOR.

Que je vous remercie,
Mes amis!

BUSINEAU.

Cher Victor!

DUCROISY.

A propos, Busineau,
Avez-vous à la fin vendu votre tableau?

BUSINEAU.

Eh! mon Dieu, non!

DUCROISY.

Comment! le Ministre, la Ville....

BUSINEAU.

Ont refusé tout net.

DUCROISY.

Mais la Liste civile?

BUSINEAU.

La Liste civile? oui, je m'adresserais bien :
Depuis plus de dix ans elle n'achète rien.

DUCROISY.

En effet, je le sais. La Cour est idolâtre
De musique, de vers, de pièces de théâtre;
Aussi de pensions on gorge les auteurs.
Mais pour nos grands talents, nos peintres, nos sculpteurs,
Rien, pas une commande ou l'achat d'un ouvrage;
Et les beaux-arts, voilà comme on les encourage.

BUSINEAU.

Vous voyez.

DUCROISY.

Un tableau d'un mérite éminent.

BUSINEAU.

Eh bien, je ne sais plus qu'en faire maintenant.

DUCROISY.

M'en croirez-vous? il faut le mettre en loterie.

BUSINEAU.

Mais....

DUCROISY.

J'en fais mon affaire.

BUSINEAU.

Et comment, je vous prie,
Pourrai-je?...

DUCROISY.

Encore un coup, ne vous mêlez de rien :
De placer vos billets je trouverai moyen.
N'y consentez-vous pas?

BUSINEAU.

Mon cœur ne peut suffire....

DUCROISY.

Ainsi c'est convenu.

DOGARD.

D'honneur! je vous admire.
Que de bontés! Toujours vous occuper de nous!

DUCROISY.

Hélas! mes chers amis, je fais bien peu pour vous!
Si vous saviez combien je souffre et je m'irrite
De voir dans l'embarras tant d'hommes de mérite!
L'oubli dont on vous frappe est infâme, immoral.
Sous un gouvernement tant soit peu libéral,
Les sciences, les arts, les lettres, la tribune
Vous donneraient déjà la gloire et la fortune....
Mais nos comptes à tous vont bientôt se régler;
Et c'est à ce sujet que je veux vous parler.
La loi d'élection doit être rejetée....

LECOUVREUR.

O ciel!

DUCROISY.

Ne craignez rien; c'est un coup sans portée :
Il sert à nos desseins; nos droits sont à couvert,
Et des honneurs à tous le chemin reste ouvert.
Bientôt plusieurs de vous entreront à la Chambre.

DOGARD.

Si quelqu'un est ici digne d'en être membre,
Vous n'en sauriez douter, c'est Victor.

TOUS.

Oui, Victor.

VICTOR.

Qui? moi?

DUCROISY.

Peut-être bien quelques autres encor.

VICTOR.

A la Chambre! grand Dieu! si cela pouvait être!
Quoi! je parviendrais donc à me faire connaître!

DUCROISY.

Je conçois vos désirs : ils seront exaucés;
Mais il faut que les Pairs soient d'abord renversés.
Sans doute leur refus injuste, impopulaire,
Va de la multitude exciter la colère :
Notre rôle est alors d'échauffer les esprits.
Qu'une sédition éclate dans Paris :
Le bien public le veut, notre intérêt l'exige.
Mais le peuple est aveugle, il faut qu'on le dirige.
Parcourez de Paris les différents quartiers;
Parlez aux artisans, aux marchands, aux rentiers,
Aux prolétaires même, et qu'ensemble ils s'unissent
Pour presser le renvoi des Pairs qui les trahissent.
Expliquez bien à tous la loi d'élection.
Enfin, contre les Pairs, que l'indignation,
Que la haine, à grands cris, de toutes parts s'explique.
Mais surtout évitez le mot de république;
Dans les cœurs timorés il jetterait l'effroi :

Qu'on crie *à bas les Pairs!* avec *vive le Roi!*

CLUCHET.

Vive le Roi? Ces mots m'écorcheront la bouche.

DUCROISY.

Délivrons-nous des Pairs, c'est là ce qui nous touche.
Remparts de la Couronne et soutiens de la Cour,
Qu'ils tombent, et le Roi plus tard aura son tour.

DOGARD.

C'est juste.

DUCROISY.

        Mais sachons ennoblir ce grand acte.
Des nombreux citoyens que la masse compacte,
Sans commettre d'excès, marche au palais des Rois
Pour exprimer ses vœux et réclamer ses droits;
Avec vigueur enfin que le peuple proteste....
Nous autres Députés, nous nous chargeons du reste;
Le vœu public d'abord obtient notre concours,
Et la Chambre des Pairs disparaît pour toujours.

VICTOR.

Et sa chute nous ouvre une vaste carrière.

CLUCHET.

Messieurs, il ne faut plus regarder en arrière;
Marchons sans hésiter, nous et tous nos amis.

LECOUVREUR.

Un triomphe éclatant nous est enfin promis!

DOGARD.

Renversons une Chambre à nos désirs rebelle.

BUSINEAU.

Quel bonheur de servir une cause si belle!

PARTIE I, SCÈNE IV.

BAUDRICOUR, *se levant et descendant la scène.*

J'ai tout lu, grâce au ciel!

DUCROISY.

Eh bien?

BAUDRICOUR.

Rien d'important.
Mes notes t'apprendront.... une lettre pourtant
Nous signale un fait grave : il s'agit d'une insulte....

DUCROISY.

Eh bien, avec Grichard, examine, consulte;
Je m'en rapporte à vous.

BAUDRICOUR.

Venez, mon cher Victor.

(*Victor le suit au fond de la scène.*)

DUCROISY, *aux autres jeunes gens.*

Il s'éloigne, écoutez.

DOGARD.

Qu'est-ce?

DUCROISY.

Deux mots encor;
Car, entre nous, Grichard est un homme à scrupules;
Il a des préjugés....

CLUCHET.

Souvent fort ridicules,

Je le sais.

DUCROISY.

Mes amis, ne perdons pas de temps.
Mettez-vous en rapport avec les mécontents.
Mais de beaucoup d'entre eux la misère est cruelle;
Il faut de quelque argent encourager leur zèle.

D'autres pour le pays ont un cœur plein de feu;
Mais leur tête a besoin d'être échauffée un peu.
Quand il a bu, le peuple aime mieux la patrie,
Contre tous les périls son âme est aguerrie ;
Et tel, que dans la rue on excitait en vain,
Devient un chaud frondeur chez le marchand de vin.
Réglez-vous là-dessus.

DOGARD.

Fort bien! c'est notre affaire
A présent.

DUCROISY.

Vous aurez de la dépense à faire;
Tenez, voilà de quoi vous couvrir de vos frais :
Nous autres, nous avons aussi nos fonds secrets.

LECOUVREUR.

Bien vu!

DUCROISY.

Mais à propos! j'oubliais les casernes!
Fatigués de languir aux grades subalternes,
Tous les sous-officiers, dit-on, sont mécontents.

CLUCHET.

Tant mieux! pour les gagner il faudra moins de temps.

DUCROISY.

Oh! c'est fort délicat!

DOGARD.

Reposez-vous....

DUCROISY.

Silence!

Voici Grichard.

VICTOR, à Baudricour.
Le fait manque de vraisemblance.

BAUDRICOUR, à Victor.

C'est aussi mon avis.

DOGARD, à Ducroisy.
Si vous n'avez plus rien
A nous prescrire....

DUCROISY.
Non.... je ne vois pas....

DOGARD.
Eh bien,
En ce cas, nous partons.

DUCROISY.
L'impatience est grande.
(Regardant à la pendule.)
Deux heures!... à la Chambre il faut que je me rende.
Adieu donc. Mais demain vous reviendrez me voir.

CLUCHET.
Vous y pouvez compter.

DUCROISY.
Vous, Grichard, à ce soir;
Vous savez, nous avons à travailler ensemble.

VICTOR.
Je ne l'oublirai pas, monsieur.
(Tous les jeunes gens sortent.)

DUCROISY, BAUDRICOUR.

DUCROISY.

Hein? que t'en semble?

BAUDRICOUR.

Oui, j'ai prêté l'oreille à tout votre entretien;
Tu dois être content, tes jeunes gens vont bien.

DUCROISY.

Leur conduite surtout répond à leurs paroles.
Et puis, par leur moyen, nous avons les Écoles;
Pour nos rangs chacun d'eux s'occupe à recruter.

BAUDRICOUR.

Sur nos autres amis on peut aussi compter :
Partout leur influence utilement s'exerce;
Commis, garçons-marchands, voyageurs de commerce
N'attendent qu'un signal.

DUCROISY.

Qu'ils recevront bientôt.
Le rejet de la loi, c'est tout ce qu'il nous faut.
Mais que de notre plan personne ne s'écarte.
Lorsque les Pairs seront effacés de la Charte,
Alors, du peuple encor provoquant les secours,
Nous saurons au torrent donner un autre cours.
Jusque-là, patience.

BAUDRICOUR.

Enfin tout se dispose!

DUCROISY.

Baudricour, je projette encore quelque chose.

PARTIE I, SCÈNE IV.

BAUDRICOUR.

Ah?

DUCROISY.

J'ai fait une faute et je m'en apercois.
Les gens chez qui je vais, et ceux que je reçois,
Sont de notre parti les plus ardents apôtres;
Et c'est calculer mal que de n'en pas voir d'autres.
Je veux donc me lancer dans ces réunions
Où sont mêlés les rangs et les opinions;
Où chacun, en entrant, convive pacifique,
Laisse avec son manteau sa haine politique.
Là, comme en une trêve, on se voit de plus près;
On cause, sans aigreur, des plus hauts intérêts;
Et souvent, au milieu des plaisirs et des fêtes,
On fait pour son parti d'importantes conquêtes.
Cette vie est charmante, et je veux l'adopter.

BAUDRICOUR.

Eh bien, tu peux partout te faire présenter.

DUCROISY.

Oh! ce n'est pas cela! Je consens à paraître
Sur un terrain neutre, oui; mais où je sois le maître.

BAUDRICOUR.

Comment?

DUCROISY.

Mon intérêt l'exige, le prescrit.
Je voudrais donc trouver une femme d'esprit,
Laissant les préjugés à la classe commune,
Jeune, jolie, ayant un nom, quelque fortune,
Qui, sous mon patronage ignoré, mais réel,
Fît au monde brillant un séduisant appel;

Ouvrît une maison élégante et splendide,
Y fixât les plaisirs dont la foule est avide;
Mais où secrètement tout subirait ma loi,
Et pour tout dire enfin où je serais chez moi.

BAUDRICOUR.

Mais cette femme alors serait donc ta maîtresse?

DUCROISY.

A peu près.... oui.... ce point faiblement m'intéresse;
C'est à d'autres succès que je veux arriver.

BAUDRICOUR.

Tu cherches un trésor difficile à trouver.

DUCROISY.

Non.

BAUDRICOUR.

Tu crois?

DUCROISY.

J'en suis sûr.

BAUDRICOUR.

Allons! quelle folie!

DUCROISY.

J'ai trouvé.

BAUDRICOUR.

Vraiment?

DUCROISY.

Oui.

BAUDRICOUR.

Qui?

DUCROISY.

La belle Émilie,
Madame de Rancy.

PARTIE I, SCÈNE IV.

BAUDRICOUR.

Tu plaisantes, je crois.

DUCROISY.

D'honneur.

BAUDRICOUR.

Y songes-tu? Montanclos a des droits,
Il est en titre.

DUCROISY.

Bon! qu'importe? Je soupçonne
Qu'elle aime son pouvoir et non pas sa personne.

BAUDRICOUR.

Certe.

DUCROISY.

Avec elle alors je puis donc m'expliquer;
Car Montanclos, je sais qu'on le va révoquer.
Demain, ce soir peut-être il perd le portefeuille.

BAUDRICOUR.

Est-il vrai?

DUCROISY.

Maintenant, crois-tu que l'on m'accueille?

BAUDRICOUR.

Mais....

DUCROISY.

Nous reparlerons plus tard de ce projet.
Occupons-nous des Pairs, exploitons le rejet;
Sur cette Chambre obstacle amassons la tempête;
Hâtons de nos efforts sa chute qui s'apprête.
Toi, rejoins nos amis; tout va bien, plus d'effroi :
Débarrassés des Pairs, nous marcherons au Roi.

FIN DE LA PREMIÈRE PARTIE.

L'AN
DIX-NEUF CENT VINGT-HUIT.

DEUXIÈME PARTIE.

SCÈNE I.

PERSONNAGES

DE LA SCÈNE PREMIÈRE.

CLUCHET.

BUSINEAU.

M. POUSSET, Marchand bonnetier.

Mme POUSSET, sa Femme.

CLORINDE, sa Fille.

M. PRUNIER, Fabricant de chandelles.

OSCAR, son Neveu (personnage muet).

M. DUBIGNON, Rentier.

M. BOUCHU, Employé au Trésor.

LOISEAU,
SABATIER,
PÉLERIN,
LAROSE, } Sous-Officiers.

La scène est aux Prés Saint-Gervais.

L'AN DIX-NEUF CENT VINGT-HUIT.

DEUXIÈME PARTIE.

SCÈNE PREMIÈRE.

Aux Prés Saint-Gervais.

Voisinage d'un traiteur ; tables, chaises et bancs.

M. et Mme POUSSET, PRUNIER, DUBIGNON, BOUCHU, OSCAR, CLORINDE.

(La plupart des hommes ont ôté leur habit et leur cravate, qu'ils portent sur le bras ou sur l'épaule.)

Mme POUSSET.

Oui, nous avons eu tort de quitter la maison.

POUSSET.

Ma femme, en vérité, tu n'as pas de raison.
Tu nous as tourmentés pour faire un pique-nique;
Et maintenant voilà qu'une terreur panique....

Mme POUSSET.

Messieurs, soyez-en sûrs, Paris est agité;
Nous aurons quelque émeute.

BOUCHU.

Eh! qui vous a conté?...

Mme POUSSET.

En montant le faubourg j'ai remarqué des groupes ;
Et peut-être déjà l'on consigne les troupes.
Dans les instants de trouble on doit rester chez soi.

PRUNIER.

Allons, maman Pousset, tout va bien, croyez-moi.

Mme POUSSET.

Je ne suis pas tranquille.

PRUNIER.

Et d'ailleurs Scolastique
Avec zèle, avec soin, garde votre boutique,
De même que François veille à mon magasin.

BOUCHU.

Pas le moindre danger.

PRUNIER.

N'est-il pas vrai, voisin ?

BOUCHU.

Oui, madame Pousset a tort.

Mme POUSSET.

Ne vous déplaise,
Vous donnez votre avis ici tout à votre aise,
Monsieur Bouchu. Pour vous tout va toujours très-bien :
Un sous-chef au Trésor, pardi ! ça ne craint rien ;
On n'ira pas chez vous piller vos marchandises.

POUSSET.

Assez, ma femme, assez. Quoi que tu nous prédises,
Laissons un tel sujet ; tes appréhensions
Gâtent tout le plaisir que nous nous promettions.

Mme POUSSET.

Mon ami....

POUSSET.

Pas un mot. Tiens-toi pour avertie.
Quand aux Prés Saint-Gervais on fait une partie,
C'est pour se réjouir. Messieurs, qu'en pensez-vous?

PRUNIER.

Et puis nous attristons nos deux futurs époux,
Mon neveu, votre fille.

POUSSET.

En effet.

Mme POUSSET.

Eux? regarde :
A nos discours, à nous ils ne prennent pas garde.
Occupés l'un de l'autre ils sont tout à l'amour.

POUSSET.

Eh bien, c'est de leur âge, et chacun à son tour.

Mme POUSSET.

Oui, nous étions ainsi! tu t'en souviens, Achille?

POUSSET.

Et maintenant tous deux nous songeons à l'utile.
Autres temps, autres soins.

Mme POUSSET.

Je le sais trop, hélas!

PRUNIER.

Çà, nous promenons-nous?

POUSSET.

Soit.

DUBIGNON.

Je suis un peu las.

CLORINDE, *s'empressant auprès de lui.*

Mon parrain...

Mme POUSSET.

Je me sens aussi très-fatiguée.
Reposons-nous.

BOUCHU, *à Mme Pousset.*

Allons, soyez aimable et gaie ;
Plus d'humeur.

Mme POUSSET.

De l'humeur ? moi ? je n'en ai jamais.

BOUCHU.

Vous ne m'en voulez pas ?

Mme POUSSET.

Non, je vous le promets.

POUSSET.

Prunier, viens donc t'asseoir. Tiens, là, prends cette chaise.

PRUNIER.

Ah! cela fait du bien! on respire à son aise!

DUBIGNON.

D'un instant de repos, ma foi! j'avais besoin ;
Et je n'aurais pas pu, je crois, aller plus loin.

BOUCHU.

Vous, papa Dubignon ?

DUBIGNON.

Quand vous aurez mon âge...
J'ai soixante-cinq ans ; c'est un pesant bagage,
Messieurs !

POUSSET.

Et toi, Clorinde, es-tu bien lasse ?

CLORINDE.

Moi ?
Non, papa, pas du tout.

POUSSET.

Eh bien, promène-toi
Avec Oscar.

Mme POUSSET.

Pousset !

POUSSET.

Pourquoi non ? Il me semble
Qu'ils peuvent, sous nos yeux, se promener ensemble.

Mme POUSSET.

A la bonne heure.

POUSSET.

Allez, mes enfants; mais aussi,
Ne vous éloignez pas.

Mme POUSSET.

Ma fille, approche ici;
Écoute.
   (Elle lui parle à l'oreille.)
Tu comprends ?

CLORINDE.

Maman, soyez tranquille.

Mme POUSSET.

Fort bien.

CLORINDE, à Oscar.

Monsieur Oscar....

PRUNIER.

Allons, grand imbécile,
Offre-lui donc le bras.

DUBIGNON, les regardant s'éloigner.

C'est un couple charmant!

(Pendant le reste de la scène, Oscar et Clorinde reparaissent de temps en temps au fond du théâtre.)

BOUCHU.

Et le dîner, messieurs?

PRUNIER.

C'est mon département.
Vous verrez; j'ai choisi l'auberge la meilleure.

Mme POUSSET.

Ah çà! nous rentrerons à Paris de bonne heure,
Au moins.

POUSSET.

Il le faut bien, pour calmer ton effroi.

PRUNIER.

Alors nous irons tous faire un loto chez toi.
Si madame Pousset...

Mme POUSSET.

Chez nous? c'est trop honnête!

POUSSET.

Et pendant le loto, pour compléter la fête,
Je vous régalerai de bière et d'échaudés.

DUBIGNON.

Ce Pousset a toujours d'excellents procédés.

BOUCHU.

Il ne regarde pas à se mettre en dépense.

Mme POUSSET.

Eh! mais, de ce côté, j'entends quelqu'un, je pense....
Oui.... voyez donc.

POUSSET.

Crains-tu les promeneurs aussi?

PARTIE II, SCÈNE I.

BOUCHU.

Ce sont deux jeunes gens qui viennent par ici.

Mme POUSSET.

Des jeunes gens?

~~~~~~~~~~~~~~~~~~~~~~~~~~~~~~~~~~~~~~

Les précédents, CLUCHET et BUSINEAU.

(Le premier a un livre, et le second un album sous le bras.)

BUSINEAU.

Ce bois, ces eaux, cette prairie....
C'est ravissant!

CLUCHET.

Viens-tu?

BUSINEAU.

Laisse-moi, je te prie,
Prendre ce point de vue.

CLUCHET.

Et moi, que faire?

BUSINEAU.

Lis.

CLUCHET, apercevant Mme Pousset et sa société.

Voilà du monde!

BUSINEAU.

Où donc?

CLUCHET.

Vois.

(On se salue réciproquement.)

Mme POUSSET, à sa société.

Ils sont fort polis.

CLUCHET.

Pardon, notre présence est peut-être indiscrète,
Madame? et nous troublons ici votre retraite?

Mme POUSSET.

Ah! messieurs!...

CLUCHET.

Nous craignons de vous importuner....
Oui.... c'est que mon ami venait pour dessiner
Ces bois, ce paysage.

Mme POUSSET.

Eh bien, rien ne s'oppose....

CLUCHET.

C'est un peintre célèbre, au salon il expose.

Mme POUSSET.

Vous êtes peintre aussi?

CLUCHET.

Non, je suis médecin.

Mme POUSSET, à sa société.

Des gens très comme il faut.

BUSINEAU.

C'est un simple dessin :
J'aurai fini d'abord.

POUSSET.

Monsieur, je vous conjure
De ne pas vous gêner.

BUSINEAU, à Cluchet.

Oh! la bonne figure!

CLUCHET, à Busineau.

Mais tais-toi donc.

BUSINEAU, à Pousset.

Alors puisque vous permettez....

(Cluchet et Busineau s'asseyent; Busineau dessine.)

CLUCHET, après un silence.

Ici de toutes parts les yeux sont enchantés.

Mme POUSSET.

C'est un lieu ravissant, pittoresque, tranquille.

CLUCHET.

Charmant. Vous demeurez peut-être à Belleville?

Mme POUSSET.

Nous, monsieur? pas du tout. Quoi! nous auriez-vous pris
Pour des campagnards?

CLUCHET.

Moi?

Mme POUSSET.

Nous habitons Paris.

CLUCHET.

Pardon....

Mme POUSSET.

Gens établis, ayant quelque fortune.

CLUCHET.

Mais....

Mme POUSSET.

Nous ne sommes pas de la classe commune.

CLUCHET.

Cela se voit.

Mme POUSSET.

Monsieur est sous-chef au Trésor.

CLUCHET.

Ah!

BOUCHU.

J'espère avant peu monter en grade encor;
J'ai des droits.

Mme POUSSET.

Monsieur, veuf d'une de mes parentes,
A quitté le commerce.

DUBIGNON.

Et je vis de mes rentes.

BUSINEAU.

Plût à Dieu que je pusse en dire autant que vous!

DUBIGNON.

Le peintre est jovial.

Mme POUSSET.

Monsieur est mon époux.

POUSSET.

Marchand bonnetier.

PRUNIER.

Moi, fabricant de chandelles.

Mme POUSSET.

Oui, messieurs, les cotons, les fils, les filoselles,
Articles de Lyon, articles de Paris,
Flanelles et tricots.... le tout à juste prix.
Voulez-vous accepter une de nos adresses?

CLUCHET.

Comment donc! nos parents, nos amis, nos maîtresses,
A votre magasin nous les enverrons tous.

Mme POUSSET.

Vous nous ferez honneur.

CLUCHET.

C'est un plaisir pour nous.

Mme POUSSET.

Mais de grâce, monsieur, calmez mon trouble extrême :
Vous venez de Paris, je crois ?

CLUCHET.

A l'instant même.

Mme POUSSET.

Des nouvelles alors vous devez être instruit.
Je crains que nous n'ayons des émeutes, du bruit :
Qu'avez-vous remarqué ? le peuple est-il paisible ?

CLUCHET.

Tout est calme à présent ; mais il serait possible
Que d'un moment à l'autre....

Mme POUSSET, à sa société.

Eh bien, vous le voyez !
Que de périls !

CLUCHET.

Pour vous ? aucun ; les employés,
Les rentiers, les marchands n'ont rien du tout à craindre.

PRUNIER.

Les émeutes pourtant....

CLUCHET.

Ne sauraient vous atteindre.
J'ai des réformateurs pénétré les secrets :
Le peuple n'agira que dans vos intérêts.

POUSSET.

Vous croyez ?

CLUCHET.

Occupé d'étude, de pratique,
Je ne me mêle pas, pour moi, de politique ;
Mais comme médecin je suis fort répandu :

J'ai beaucoup écouté, j'ai beaucoup entendu.

PRUNIER.

Que veut-on?

CLUCHET.

Des abus obtenir la réforme,
Et du gouvernement changer un peu la forme.

POUSSET.

Changer...?

CLUCHET.

Que vous importe à vous autres?

Mme POUSSET.

Au fait,
Ce n'est pas notre affaire, après tout.

PRUNIER.

En effet.
Gouverne qui voudra, pourvu que le commerce
Donne de bons profits à celui qui l'exerce.

BOUCHU.

Moi, pourvu qu'au Trésor je garde mon emploi,
Le reste m'est égal.

DUBIGNON.

Eh bien, c'est comme moi:
Les révolutions me sont indifférentes....
Pourvu qu'on soit exact à nous payer nos rentes.

POUSSET.

Quoi qu'il arrive, au fait, quel tort me fera-t-on?
On portera toujours des bonnets de coton;
Ainsi....

CLUCHET.

Voilà parler! Chacun à son affaire.

PARTIE II, SCÈNE I.

Le peuple vous honore, il faut le laisser faire.
Dans les moments de crise, un digne citoyen
Se renferme chez lui, ne se mêle de rien.
Ne point paraître alors, c'est mériter l'estime :
Qui se met en avant devient toujours victime.

BOUCHU.

On peut perdre sa place.

DUBIGNON.

      On trouble son repos.

Mme POUSSET.

On attire sur soi la haine et les propos.

POUSSET.

Et de plus on s'expose à perdre ses pratiques.

CLUCHET.

Oui, restons étrangers aux débats politiques.

PRUNIER.

Puis, du Gouvernement, il le faut avouer,
Le commerce est bien loin de pouvoir se louer.
On change à tout propos de règle et de système ;
La marche d'aujourd'hui demain n'est plus la même ;
Trois fois par an l'on fait des ministres nouveaux....
Tout cela paralyse, arrête nos travaux :
Nous vivons dans le doute et dans l'inquiétude ;
Jamais sur l'avenir la moindre certitude....
C'en est trop ! et s'il faut être franc jusqu'au bout,
Un tel gouvernement ne nous va pas du tout.

POUSSET.

Prunier !

PRUNIER.

   C'est maintenant l'opinion commune.

Oui, messieurs, les journaux, les Chambres, la tribune
Ne servent qu'à porter le désordre en tous lieux :
Nous sommes exploités par des ambitieux.
Certes, je suis connu pour mon patriotisme;
Eh bien, j'aimerais mieux, je crois, le despotisme :
Un bon tyran pour nous serait à souhaiter;
Avec lui nous saurions du moins sur quoi compter.

Mme POUSSET.

Un tyran!

CLUCHET.

Calmez-vous, monsieur raille et se moque :
Il comprend, comme nous, les besoins de l'époque;
Il sait qu'impatient sous le sceptre des Rois,
Le peuple chaque jour veut étendre ses droits.

PRUNIER.

Le peuple? oui, sous son nom, on cabale, on intrigue.
Lui, réclamer des droits?... Mais on nous en fatigue!
Tous ces droits si vantés ont pour nous peu d'appas,
Et la preuve, en un mot, c'est qu'on n'en use pas.
Dernièrement encor, tenez, il fallait faire
Un choix de candidats pour la place de maire;
Au vœu des électeurs je vais joindre le mien :
Huit cent quarante-deux étaient inscrits; eh bien,
Nous nous sommes trouvés trente-six.

CLUCHET.

Cette preuve...

PRUNIER.

Depuis, on a trois fois recommencé l'épreuve :
Nous restons constamment loin du nombre voulu;
Et notre maire enfin n'est pas encore élu.

CLUCHET.

Quelque malentendu.

PRUNIER.

Le fait est sans réplique.

POUSSET.

Mais, monsieur, bien des gens parlent de république :
Est-il vrai, dites-moi, qu'on veuille en venir là ?

CLUCHET.

En république, nous ? Eh ! qui pense à cela ?
De jeunes étourdis que l'esclavage irrite....
Je l'avouerai pourtant, des hommes de mérite,
Dont on sait les vertus, le tact, le jugement,
Ont la conviction que ce gouvernement
Pourrait seul mettre un terme aux maux de la patrie,
Et faire prospérer les arts et l'industrie.
Alors l'égalité nous rendrait tous heureux :
Plus d'entrave au commerce, et d'impôts onéreux ;
Les honneurs seraient tous pour la classe moyenne ;
Les marchands, les rentiers, la garde citoyenne
De gouverner l'État auraient la mission ;
Rien ne se ferait plus sans leur permission :
Le peuple aurait pour vous respect et déférence,
Et vous seuls, en un mot, règneriez sur la France.

Mme POUSSET.

Mais en ce cas, docteur, que deviendrait le Roi ?

CLUCHET.

Y tenez-vous beaucoup ?

Mme POUSSET.

Y tenir ? et pourquoi ?
Il ne prend rien chez nous. Mais on fait son éloge.

Sur lui, dans le quartier, tous ceux que j'interroge
Vantent ses qualités, parlent de ses bienfaits.

CLUCHET.

Et vous croyez cela?

Mme POUSSET.

L'on m'a cité des faits....

CLUCHET.

Oui, quelques charités; calcul, charlatanisme:
De Philibert second l'on connaît l'égoïsme.
Sur ce qu'il deviendrait n'ayez aucun souci;
Il a fait sa pelote.

Mme POUSSET.

Ah! bah! vraiment? Ainsi
Il est donc riche?

CLUCHET.

Lui? ce n'est plus un mystère.
Aux banques de Hollande, à celles d'Angleterre,
Depuis trois ans qu'il règne, hier nous calculions
Qu'il a déjà placé soixante millions.

TOUS LES PERSONNAGES.

Soixante!

PRUNIER.

Est-ce bien vrai? La malice des hommes....

CLUCHET.

Je le tiens du banquier qui fait passer les sommes.

Mme POUSSET.

Alors c'est sûr.

BOUCHU.

Ainsi, nous travaillons pour lui.

POUSSET.

Voilà pourquoi l'argent est si rare aujourd'hui.

PRUNIER.

Une somme si forte en trois ans amassée !

DUBIGNON.

Voilà pourquoi la rente est encor menacée.

BOUCHU.

Pourquoi nos traitements sont réduits chaque jour :
C'est clair ; on nous maigrit pour engraisser la Cour.

CLUCHET.

Allons ! point de parole imprudente et suspecte.
Tant qu'un monarque règne, il faut qu'on le respecte ;
Il est inviolable.

POUSSET.

Eh ! quoi....

CLUCHET.

Laissons cela ;
Notre devoir l'exige.

CLORINDE, qui s'est avancée derrière Busineau pour regarder son dessin.

Ah ! mon Dieu ! c'est papa !

Mme POUSSET.

Clorinde, qu'as-tu donc ?

BUSINEAU, à Clorinde.

Vous êtes indiscrète,
Mademoiselle.

Mme POUSSET.

Eh bien, faut-il que je répète ?

CLORINDE.

Le portrait de papa, que Monsieur....

Mme POUSSET.

Se peut-il ?

Le portrait de Pousset !

BUSINEAU.

Une esquisse, un profil....

(Bas à Cluchet.)

C'est sa caricature.

CLUCHET, à Busineau.

Imprudent ! compromettre....

BUSINEAU, à Cluchet.

Ne crains rien.

Mme POUSSET.

Ah ! monsieur, si vous vouliez permettre....

BUSINEAU, lui donnant le dessin.

Comment donc !

Mme POUSSET.

Ah ! c'est lui ! comme il est ressemblant !

PRUNIER.

C'est Pousset tout craché !

BOUCHU.

D'honneur ! il est parlant.

DUBIGNON.

Moi, je l'ai reconnu d'abord à son gros ventre.

POUSSET.

Voyons donc à mon tour que je regarde.... Diantre !
Vous m'avez fait un nez....

BUSINEAU.

Un peu court, j'en convien;
On peut le rallonger.

Mme POUSSET.

Je te trouve fort bien.
Oui, bon ami, c'est toi, c'est ta vivante image.

PARTIE II, SCÈNE I.

BUSINEAU.

Si vous me permettiez de vous en faire hommage....

Mme POUSSET.

Quoi! vous me le donnez?... en cadeau?

BUSINEAU.

Trop heureux....

Mme POUSSET.

Que de remercîments!... un trait si généreux!...
Pauvre Achille! oh! c'est lui! nez retroussé, front chauve....
Il sera, dès ce soir, placé dans mon alcôve.

PRUNIER.

Ah çà! n'oublions pas le dîner; il est tard.

DUBIGNON.

C'est, ma foi! vrai : déjà deux heures moins un quart.

POUSSET.

Moi, je sens qu'au festin, corbleu! je ferai fête.
En route.

Mme POUSSET, à sa société.

Un mot, messieurs. Ils ont l'air fort honnête;
Si nous les invitions?

POUSSET.

Oui, leur ton, leurs discours....

DUBIGNON.

Puis, quand on a pour sept, on a pour neuf.

BOUCHU.

Toujours.

Mme POUSSET, à Cluchet et à Busineau.

Messieurs, vous n'avez point encor dîné, peut-être?
Si j'osais vous offrir.... C'est un repas champêtre....

CLUCHET.

D'une telle faveur nous sentons tout le prix ;
Mais nous sommes forcés de rentrer à Paris.

Mme POUSSET.

Ah ! c'est fâcheux !

BUSINEAU.

D'honneur! cela nous contrarie....

Mme POUSSET.

Mais vous viendrez nous voir?

POUSSET.

Messieurs, je vous en prie.

CLUCHET.

Nous aurons ce plaisir.

Mme POUSSET.

Bien ! souvenez-vous-en.
Clorinde, prends bien garde au portrait.

CLORINDE.

Oui, maman.

Mme POUSSET.

De vous revoir chez moi j'emporte l'espérance.

BUSINEAU.

De nos respects, madame, agréez l'assurance.

POUSSET.

Partons.

Mme POUSSET.

Adieu, messieurs. N'oubliez pas : Pousset,
Au Bras d'Or, rue aux Ours, numéro trente-sept.

POUSSET.

Messieurs, je vous salue.

Mme POUSSET, en sortant.

Ils sont vraiment aimables !

CLUCHET, BUSINEAU.

BUSINEAU.

Voilà de bonnes gens.

CLUCHET.

Des gens fort estimables;
Bien crédules, voués à leurs seuls intérêts :
Il semble que pour nous ils soient faits tout exprès.
J'irai les voir.

BUSINEAU.

D'ailleurs, chez la classe marchande,
On fait de bons dîners; c'est ce que je demande.

CLUCHET.

De bons dîners! oh! toi, tu ne vois que cela.

BUSINEAU.

Mais c'est l'essentiel, docteur.

CLUCHET.

Que dis-tu là?
Ah! songe à nos devoirs, au peuple qui nous prie,
N'avons-nous pas juré de sauver la patrie?
De l'arracher au joug qu'un pouvoir illégal....

BUSINEAU.

La patrie? oh! ma foi! cela m'est bien égal.

CLUCHET.

Busineau!

BUSINEAU.

Nous pensons, mon cher, l'un comme l'autre.
Ne vas-tu pas ici faire le bon apôtre?

Rengaîne tes grands mots.... les bourgeois sont partis.
Si nous sommes lancés au milieu des partis,
Ce n'est point par amour du peuple et de sa cause;
C'est que nous n'avons rien, et voulons quelque chose.
Et tu viens me parler de devoirs, de vertu!...

CLUCHET.

Ah çà! ce paysage, enfin, l'achèves-tu?

BUSINEAU.

Non, vertueux Cluchet, patriote modèle.

CLUCHET.

Je répétais mon rôle; allons, pas de querelle.

BUSINEAU.

A la bonne heure!

CLUCHET.

Eh bien, partons-nous?

BUSINEAU.

Oui.... voyons,
Où diable ai-je fourré mon album, mes crayons?

CLUCHET.

Étourdi! tiens.

BUSINEAU.

Ah! donne. Adieu, lieux solitaires,
Confidents des amours!...

CLUCHET.

Voici des militaires;
Laisse là ton pathos, et viens-t'en.

BUSINEAU.

Non, parbleu!
C'est une occasion de les sonder un peu.

PARTIE II, SCÈNE I.

CLUCHET.

En effet, les gagner serait un coup de maître.

BUSINEAU.

Mais ils viennent ici pour un duel peut-être?

CLUCHET.

Oh! non; tranquillement ils suivent leur chemin,
Et tous les quatre ils ont la baguette à la main.

BUSINEAU.

Comment les aborder?

CLUCHET.

Il faut de la prudence.

BUSINEAU.

Eh mais.... se pourrait-il?... mon cher, la Providence
Se déclare pour nous.

CLUCHET.

Comment?

BUSINEAU.

Oui, sur ma foi,
C'est Loiseau!

~~~~~~

Les précédents, LOISEAU, SABATIER, PÉLERIN, LAROSE.

LOISEAU.

Qui m'appelle? Eh! Busineau! c'est toi?
Se peut-il?

BUSINEAU.

Oui, mon vieux.

(Ils s'embrassent.)

LOISEAU.

Ce pauvre Théodore!
Mais je n'en reviens pas!... embrassons-nous encore.

BUSINEAU.

A Paris? toi, mon cher?

LOISEAU.

Depuis le mois dernier
J'y suis en garnison.

BUSINEAU.

Quel hasard singulier :
Nous retrouver ici!

LOISEAU.

La rencontre est plaisante.
(A ses camarades.)
C'est un de mes pays.

LES MILITAIRES.

Monsieur....

BUSINEAU.

Je te présente,
Ainsi qu'à ces messieurs, un brave et bon garçon,
Le docteur Cluchet.

LOISEAU.

Oui? Touchez là sans façon.
L'ami de Busineau doit être aussi le nôtre :
Qu'en dites-vous?

CLUCHET.

Pour moi, je suis déjà le vôtre.
Ce ton, cette franchise....

LOISEAU.

Oh! le soldat français

PARTIE II, SCÈNE I.

A le cœur sur la main.

CLUCHET.

Puis je vous connaissais :
Busineau m'a vanté souvent votre courage.

LOISEAU.

Qui ne me mène à rien cependant, dont j'enrage.
On me laisse languir aux derniers échelons :
Pas encor l'épaulette, et toujours les galons !

CLUCHET.

Quand vos droits....

LOISEAU.

C'est le sort de tous les camarades :
A présent on nous fait croupir dans les bas grades.

PÉLERIN.

Le soldat est vexé.

CLUCHET.

Je n'en suis pas surpris;
Notre Gouvernement veut la paix à tout prix :
L'honneur national ne l'intéresse guère ;
Il nous laisse avilir pour éviter la guerre.

SABATIER.

Et vous appelez ça, vous, un gouvernement?
C'est un tas de pékins.

LOISEAU.

Sabatier, doucement.

BUSINEAU.

Pourquoi donc? entre amis....

SABATIER.

Pélerin et Larose,
Et toi-même, Loiseau, pensez la même chose.

PÉLERIN.

Ça, c'est vrai.

CLUCHET.

Nous vivons dans un bien triste temps.
Les militaires seuls ne sont pas mécontents.

LOISEAU.

Oui, le bourgeois se plaint, je le sais.

CLUCHET.

Mais vous autres,
Vos destins sont encor plus affreux que les nôtres.
Il serait si facile, avec de tels guerriers,
De faire reverdir nos antiques lauriers;
De ranger la victoire encor sous nos bannières;
D'aller aux bords du Rhin reporter nos frontières!
Alors, braves soldats, valeureux conquérants,
Des maréchaux encor sortiraient de vos rangs!
Mais non, toute espérance est désormais bannie;
La paix! rien que la paix!... et l'homme de génie
Vieillit sous-officier dans une garnison.

LAROSE.

Voilà comme on nous traite!

LOISEAU.

Il a, parbleu! raison.

BUSINEAU.

Ce qui m'indigne, moi, c'est qu'on vous humilie.
C'est peu des durs travaux où le devoir vous lie,
On vous fait exercer les plus honteux métiers :
A la morgue, aux prisons vous servez de portiers;
Puis, il vous faut du Roi garder les écuries;
Chasser les promeneurs, le soir, des Tuileries;

Comparses mal vêtus, paraître à la Gaîté,
Au Cirque, à l'Ambigu.... c'est une indignité!
On vous impose là des fonctions honteuses.

LAROSE.

Dans les coulisses, moi, j'aime à voir les danseuses :
Ça fait plaisir.

BUSINEAU.

    D'accord; mais c'est avilissant.

SABATIER.

Un combat pour de bon est plus divertissant.
Ah! c'est là qu'il faut voir comme l'on s'évertue!
On tire à balle, alors! on est tué, l'on tue....
C'est agréable au moins.

LAROSE.

    Oui, mais fini, Major;
Au repos.

PÉLERIN.

    Quelquefois nous nous battons encor :
Les émeutes....

CLUCHET.

    O crime! ô luttes exécrables!
Ah! vous devez alors être bien misérables,
Vous, qu'on force à briser les plus sacrés liens,
A répandre le sang de vos concitoyens!
Combien chaque combat vous doit coûter de larmes!

SABATIER.

Bien sûr, c'est à regret qu'on prend alors les armes;
Mais il faut obéir.

BUSINEAU.

    Obéir? et pourquoi!

LOISEAU.

Chez nous l'obéissance est la première loi.

BUSINEAU.

Même quand on vous donne un ordre injuste, infâme?

PÉLERIN.

La consigne avant tout.

BUSINEAU.

Elle endurcit votre âme!...
Quoi! pour être soldat, n'est-on plus citoyen?
Vos parents, vos amis, ne leur devez-vous rien?...
Non, non, vous n'êtes pas des instruments serviles :
Et souvent on a vu, dans nos guerres civiles,
Les soldats, aux tyrans refusant leur appui,
Se réunir au peuple et combattre avec lui.

SABATIER.

Tout beau, tout beau, jeune homme!

LAROSE.

En effet, ce langage....

CLUCHET.

Ne nous arrêtons pas à tout ce bavardage.
Ces peintres, cela parle avant de réfléchir.
(Bas à Busineau.)
Tais-toi. Nous ferions mieux d'aller nous rafraîchir.
Ces messieurs voudraient-ils accepter quelque chose?

LOISEAU.

Ce n'est pas de refus.... hein! qu'en dis-tu, Larose?

LAROSE.

Très-volontiers.

CLUCHET.

Ici nous pourrions...

LAROSE.

> Permettez :

Je vous conduirai, moi, si vous y consentez,
Dans un estaminet, auprès de la barrière....
Oh! mais.... soigné.

CLUCHET.

> Fort bien.

LAROSE.

> Puis, la limonadière

Vous a des yeux....

CLUCHET.

> Marchons, montrez-nous le chemin.

(Bas à Busineau.)

Du sang-froid, de l'adresse, et la sonde à la main.

(Ils sortent tous, en se donnant le bras)

DEUXIÈME PARTIE.

SCÈNE II.

PERSONNAGES

DE LA SCÈNE DEUXIÈME.

Mme DE RANCY,
M. DUCROISY,
M. DE MONTANCLOS.

La scène se passe chez Mme de Rancy.

DEUXIÈME PARTIE.

SCÈNE II.

Chez Mme de Rancy.

Mme DE RANCY, M. DUCROISY.

Mme DE RANCY.

Allons ! vous plaisantez.

DUCROISY.

Non, sérieusement.

Mme DE RANCY.

Vous ? de l'amour pour moi ?

DUCROISY.

Je vous en fais serment.

Mme DE RANCY.

Je n'en crois rien.

DUCROISY.

Pourquoi ?

Mme DE RANCY.

Cela n'est pas possible.

DUCROISY.

Qui vous fait supposer que je suis insensible ?

Mme DE RANCY.

Je ne dis pas cela.

DUCROISY.

Parlons donc sans détour.

Mme DE RANCY.

Mais si je ne pouvais vous payer de retour.

DUCROISY.

Oh! le temps et mes soins....

Mme DE RANCY.

Tenez, je suis sincère,
Et la franchise ici surtout est nécessaire.
Ducroisy, votre hommage a de quoi me flatter,
Et de mon amitié vous ne sauriez douter;
Ne demandez pas plus; car je ne puis vous taire
Qu'un autre engagement....

DUCROISY.

Je connais ce mystère;
Je sais que Montanclos est l'heureux possesseur....

Mme DE RANCY.

Qu'espérez-vous alors?

DUCROISY.

Être son successeur.

Mme DE RANCY.

Ce langage....

DUCROISY.

Entre nous, convenez, Émilie,
Que l'amour n'est pour rien dans ce nœud qui vous lie:
Le cœur est étranger à des rapports si doux.

Mme DE RANCY.

Que supposez-vous donc?

DUCROISY.

Rien d'offensant pour vous.
On sait que prodiguant vos soins, vos sacrifices,
Vous usez votre vie à rendre des services:

PARTIE II, SCÈNE II.

L'un vous doit ses honneurs, un autre son emploi;
Obliger est pour vous un besoin, une loi...
Montanclos est ministre, il a de la puissance,
Il sert vos protégés; et la reconnaissance,
Le désir d'être utile à tant de malheureux,
Ont séduit votre cœur aimant et généreux,
Et cédant à des vœux qui ne sont pas les vôtres,
Vous vous sacrifiez à l'intérêt des autres.
De vos engagements voilà tout le secret.

Mme DE RANCY.

Non.... je n'en conviens pas.... Et quand cela serait,
De trahir Montanclos me croyez-vous capable?

DUCROISY.

Dès qu'il n'est pas aimé vous n'êtes point coupable.
Je le vois, vous craignez, en rompant avec lui,
De nuire aux opprimés dont vous êtes l'appui;
Du Ministre pour vous on sait la complaisance;
Sa caisse vient en aide à votre bienfaisance....
Tout cela vous retient; vous avez si bon cœur!
Mais d'un scrupule vain je dois être vainqueur.
Si Montanclos dirige un vaste ministère,
D'un journal influent je suis propriétaire;
Et je peux, mieux que lui, vous offrir le moyen
De servir vos amis et de faire du bien.

Mme DE RANCY.

Qui? vous?

DUCROISY.

Bannissez donc une crainte importune.
Je dispense à mon gré la gloire et la fortune :
Eh bien, dites un mot, ma plume est tout à vous,

Et demain vous verrez Paris à vos genoux.

Mme DE RANCY.

Ah! c'est trop insister! vous devriez comprendre
Que vos offres....

DUCROISY.

Alors il faut tout vous apprendre.

Mme DE RANCY.

Quoi donc?

DUCROISY.

Vous n'avez plus ni pouvoir ni crédit;
Le bonheur d'obliger va vous être interdit;
Votre règne est passé; je tiens de bonne source
Que Montanclos, madame, est perdu sans ressource.

Mme DE RANCY.

Lui?

DUCROISY.

Plus d'espoir, vous dis-je; et ce matin le Roi,
J'en ai la certitude, a signé son renvoi.

Mme DE RANCY.

Quoi! l'on met en oubli ses talents, ses services?

DUCROISY.

Quiconque sert les Rois s'expose à leurs caprices.

Mme DE RANCY.

Ce pauvre Montanclos!... que vais-je devenir?

DUCROISY.

Ma tendresse vous offre un brillant avenir;
Tout ce que vous perdez, votre cœur le retrouve.

Mme DE RANCY.

Ah! respectez du moins la douleur que j'éprouve.
Est-ce en un tel moment?...

Les précédents, M. DE MONTANCLOS.

MONTANCLOS.

C'est une indignité !
Une infamie !

Mme DE RANCY.

Alfred !

MONTANCLOS.

Me voir ainsi traité !

Mme DE RANCY.

Parlez, mettez un terme à mon incertitude.

MONTANCLOS.

Aurais-je dû m'attendre à tant d'ingratitude ?

Mme DE RANCY.

Il est donc vrai, grand Dieu !

MONTANCLOS.

Mon outrage est complet :
Révoqué, renvoyé, chassé comme un valet !...
Mais je me vengerai !

Mme DE RANCY.

Mon ami !...

MONTANCLOS.

Qu'il me craigne !

Mme DE RANCY.

Calmez-vous.

MONTANCLOS.

Ah ! le Roi m'insulte et me dédaigne ;
Il ne veut plus de moi, son plus solide appui !...

Eh bien, à mon tour, moi, je ne veux plus de lui.

Mme DE RANCY.

Qu'osez-vous dire? O ciel !

MONTANCLOS.

                Ce que pensent bien d'autres....
Ah! c'est vous, Ducroisy? Touchez, je suis des vôtres;
Oui, vos vœux, vos projets sont désormais les miens.

DUCROISY.

Vous ne m'étonnez pas; tous les bons citoyens,
Égarés un moment, tôt ou tard nous reviennent :
Les talents, les vertus de droit nous appartiennent.
Avec empressement nos rangs vous sont ouverts.

MONTANCLOS.

Oui, je veux partager vos succès, vos revers;
Je veux me dévouer à la cause commune;
Je veux, publiquement, demain, à la tribune,
Et livrant à la Cour les plus rudes assauts,
Passer le Rubicon et brûler mes vaisseaux.

DUCROISY.

C'est venger noblement l'affront qui vous irrite.
Que le peuple triomphe, alors votre mérite,
Que nous reconnaissions même en vous combattant,
Vous place, à notre tête, en un poste éclatant :
Là vous présiderez au bonheur de la France.
Ainsi de votre appui j'emporte l'assurance.
Vous êtes l'ennemi de la Cour et des Rois;
Le peuple vous est cher, vous défendrez ses droits....
Heureux d'une conquête et si grande et si belle,
Je cours à nos amis en porter la nouvelle.

(Saluant.)
Madame.

Mme DE RANCY.

Quoi ! déjà ?

DUCROISY.

Vous savez mon espoir ?

Mme DE RANCY.

Monsieur....

DUCROISY, en sortant.

J'aurai demain l'honneur de vous revoir.

Mme DE RANCY, MONTANCLOS.

MONTANCLOS.

Oui, contre des ingrats je vais tourner mes armes ;
Et je sens qu'en effet la vengeance a des charmes.

Mme DE RANCY.

La vengeance ? Arrêtez ! rien n'est encor perdu ;
Le portefeuille enfin peut vous être rendu.

MONTANCLOS.

Que dites-vous ?... Mais non !... chassé !

Mme DE RANCY.

Le Roi, peut-être,
Dans les premiers instants n'aura pas été maître.
Les hommes tels que vous sont bientôt replacés ;
On a trop besoin d'eux.

MONTANCLOS.

Quoi ! vraiment, vous pensez
Que je pourrais encore.... Ah ! laissons ces chimères.

Que m'importent d'ailleurs des honneurs éphémères ?
Je n'en veux plus.

Mme DE RANCY.

De vous dépend votre destin,
Et vous renonceriez....

MONTANCLOS.

Mais.... si j'étais certain....

Mme DE RANCY.

Consentez seulement ; moi, je me sacrifie....
Je le dois, je le veux.

MONTANCLOS.

Comment ? que signifie ?...

Mme DE RANCY.

Il faut vous dire tout : de l'affront qu'on vous fait,
Seule je suis la cause.

MONTANCLOS.

Allons !... Mais... en effet....
Oui.... sur vous des journaux la malice s'exerce ;
Des emplois, disent-ils, vous faites un commerce....

Mme DE RANCY.

Bon ! c'est un casuel dont on n'est point choqué :
Pour ces misères-là seriez-vous révoqué ?
Non.

MONTANCLOS.

Parlez donc alors, expliquez ce mystère.

Mme DE RANCY.

La Cour, vous le savez, est scrupuleuse, austère ;
En toute occasion elle affecte les mœurs.
Vous m'aimez.... et de là les propos, les clameurs ;
Sur notre attachement chacun crie au scandale ;

PARTIE II, SCÈNE II.

Il offense, dit-on, la vertu, la morale;
Le Roi ne peut garder un Ministre pareil,
Et, par décence, il doit l'éloigner du Conseil....
Vous voyez, votre chute était inévitable.

MONTANCLOS.

Ainsi vous supposez....

Mme DE RANCY.

Rien n'est plus véritable.
L'abîme où vous tombez fut creusé de ma main.

MONTANCLOS, à part.

Que dit-elle?

Mme DE RANCY.

Et sans moi, peut-être dès demain
Vous pourriez recouvrer toute votre puissance....
Eh bien, que l'amour cède à la reconnaissance!
Oui, je brise mon cœur, il le faut avouer;
Mais à vos intérêts je dois me dévouer :
Montanclos.... mon ami.... séparons-nous!

MONTANCLOS.

Madame....

Mme DE RANCY.

Non, je n'écoute rien. Je sais quelle est votre âme :
Vous me sacrifieriez les grandeurs, le pouvoir....
Mais je suis résolue à remplir mon devoir.
Votre gloire du moins sera ma récompense.

MONTANCLOS, à part.

De ce beau dévouement que faut-il que je pense?
N'importe! je voulais, et n'osais la quitter;
L'occasion est belle, il en faut profiter.

Mme DE RANCY.

Eh bien?

MONTANCLOS.

En renonçant à celle que j'adore,
Oui, je vois qu'au pouvoir je puis prétendre encore.
Mais rompre nos liens !... et d'ailleurs j'ai promis
De servir les projets de mes nouveaux amis :
Vous l'avez entendu ; ma parole m'engage.

Mme DE RANCY.

Le seul ressentiment vous dictait ce langage ;
Vous étiez hors de vous. Ducroisy sait fort bien
Que quand on promet trop on ne s'engage à rien.
Il compte peu sur vous, j'en suis sûre.

MONTANCLOS.

Mais feindre !
Devant mes ennemis me taire, me contraindre,
Dans l'espoir incertain d'être un jour replacé !
Je sens que malgré moi....

Mme DE RANCY.

Soyez donc plus sensé.
D'une intrigue de Cour quand vous êtes victime,
De la Chambre et du Roi ménagez-vous l'estime ;
Et n'allez pas d'abord, trop sensible et trop fier,
Attaquer aujourd'hui qui vous serviez hier.
Attendez ; conservez, quand l'injure est récente,
Une neutralité muette et menaçante :
Qu'on vous craigne ; et le Roi, recherchant votre appui,
S'il vous voit dégagé du nœud qui vous a nui,
Va vous rendre aussitôt votre rang, votre titre,
Et du Conseil encor vous devenez l'arbitre.

MONTANCLOS.

Vous ne doutez de rien.

Mme DE RANCY.

                  Oui, je puis me tromper;
Mais la vengeance alors ne peut vous échapper.
Si vous voyez qu'enfin votre attente est frivole,
Montez à la tribune, et prenez la parole.
Là, feignant de remplir un pénible devoir,
Vous parlez, sans aigreur, des fautes du Pouvoir;
Vous n'en tracez d'abord qu'une légère ébauche;
Puis insensiblement vous inclinez à gauche;
Et, chaque jour plus ferme en votre opinion,
Vous entrez pas à pas dans l'Opposition.
Voilà le seul chemin digne d'être le vôtre,
Et comme on passe enfin d'un parti dans un autre.

MONTANCLOS.

Oui, je crois en effet que vous avez raison :
Un éclat maintenant serait hors de saison.
Pour remonter au rang où j'ose encor prétendre,
Même pour me venger, il faut savoir attendre.
C'est juste : j'attendrai.

Mme DE RANCY.

              Nous voilà donc d'accord.
A présent, vous savez quel douloureux effort
Nos cœurs....

MONTANCLOS.

      O ciel!

Mme DE RANCY.

            Je dois achever mon ouvrage.

MONTANCLOS.

Chère Émilie!

Mme DE RANCY.

Allons, mon ami, du courage.

MONTANCLOS.

J'en ai besoin!

Mme DE RANCY.

Et moi!... si vous pouviez savoir....
Mais non.

MONTANCLOS.

Ah! que ma main reprenne le pouvoir,
Vous en disposerez plus encor que moi-même.

Mme DE RANCY.

C'est, vous le savez bien, pour vous que je vous aime.

MONTANCLOS.

Femme trop généreuse! oui, ma gloire, à vos yeux....

Mme DE RANCY.

Ah! ne prolongeons pas ces pénibles adieux:
Séparons-nous.

MONTANCLOS.

Déjà?

Mme DE RANCY.

Cher Alfred!

MONTANCLOS.

Émilie!

Mme DE RANCY.

N'est-ce pas, nous restons amis?

MONTANCLOS.

Ah! pour la vie!

Mme DE RANCY.

Vous ne m'oublîrez pas?

MONTANCLOS.

Vous oublier? jamais!

Mme DE RANCY.

Et vous viendrez me voir?

MONTANCLOS.

Oui, je vous le promets.

Mme DE RANCY.

Souvent?

MONTANCLOS.

Souvent.

Mme DE RANCY.

Ce mot a calmé ma souffrance.

MONTANCLOS.

Adieu donc.

Mme DE RANCY.

Au revoir?

MONTANCLOS.

Ayez-en l'assurance,
Bientôt je reviendrai.

Mme DE RANCY.

J'y compte, songez-y.

(Seule.)
Je suis libre à présent d'écouter Ducroisy.

DEUXIÈME PARTIE.

SCÈNE III.

PERSONNAGES

DE LA SCÈNE TROISIÈME.

COUTURIER.
DUCROISY.
BAUDRICOUR.
MONTANCLOS.
VICTOR GRICHARD.
CLUCHET.
DOGARD.
BUSINEAU.
LECOUVREUR.
MOREL.
DUMÉNIL, Commis-voyageur.
LA BRUYÈRE, Employé à la Liste civile.
JOSEPH, Domestique de Couturier.
Plusieurs amis de Couturier.

La scène est chez Couturier.

DEUXIÈME PARTIE.

SCÈNE III.

Chez Couturier.

COUTURIER, JOSEPH.

COUTURIER.

Joseph!

JOSEPH.

Monsieur?

COUTURIER.

Ah çà! je traite des amis;
Que tout soit bien.

JOSEPH.

Comptez....

COUTURIER.

Le couvert est-il mis?

JOSEPH.

Oh! depuis ce matin, monsieur, tout est en place.
Le dessert est dressé, le vin est à la glace;
Reposez-vous sur moi, j'ai du goût et du tact.

COUTURIER.

Et le restaurateur?

JOSEPH.

A promis d'être exact.

COUTURIER.

Comme le mois dernier.

JOSEPH.

Il vaut mieux, à tout prendre,
Attendre le dîner, que de le faire attendre.
Un dîner réchauffé ne valut jamais rien.

COUTURIER.

Tu connais tes auteurs.

JOSEPH.

Peste! je le crois bien!
D'ailleurs, auprès de vous je m'instruis, me façonne;
J'écris fort joliment.

COUTURIER.

Oui dà?.... mais tiens, on sonne;
Va voir qui ce peut être.

JOSEPH.

Eh! mais apparemment
Vos convives.

COUTURIER.

Déjà? Non.... va, va promptement.

COUTURIER, ensuite MONTANCLOS.

COUTURIER.

Voyons ma liste... douze... oui, c'est bien là mon compte.

JOSEPH, annonçant.

Monsieur de Montanclos.

COUTURIER.

Qui? vous, monsieur le comte?

PARTIE II, SCÈNE III.

De venir jusqu'ici vous me faites l'honneur?
MONTANCLOS.
Vous plaisantez, mon cher; pour moi c'est un bonheur.
J'ai toujours recherché les hommes de mérite :
Il est juste qu'enfin je vous rende visite.
COUTURIER.
Tant de bonté....
MONTANCLOS.
Laissons le cérémonial.
Et d'ailleurs, à présent, l'orgueil me siérait mal :
Un ministre tombé!... car vous savez, je pense,
Qu'on m'a destitué? Telle est la récompense
Que Philibert accorde à qui l'a bien servi.
COUTURIER.
Croyez que je prends part....
MONTANCLOS.
Pourquoi? J'en suis ravi!
D'un Roi capricieux la basse ingratitude,
En brisant mon pouvoir, finit ma servitude.
Je vivrai libre, heureux, sans désirs, sans regrets;
Du peuple je pourrai servir les intérêts!
COUTURIER.
Votre renvoi, monsieur, indigne tout le monde;
Oui, c'est une douleur générale et profonde.
MONTANCLOS.
A l'estime en effet je sens que j'ai des droits;
Et le peuple est toujours plus juste que les Rois.
COUTURIER.
Et demain, les journaux!... vous pouvez vous attendre
Qu'en éloges sur vous ils vont tous se répandre:

Souvent passionnés, mais toujours généreux,
Un ministre qui tombe est un héros pour eux.
Ils loueront vos travaux, vos talents, vos services,
Et du monarque ainsi flétriront les caprices.
Pour vous cette vengeance aura quelques appas.

MONTANCLOS.

Sans doute elle me plaît, mais ne me suffit pas.
Non, ce n'est point assez, mon âme est ulcérée :
Entre le Prince et moi la guerre est déclarée.
Le Ministère reste, et seul je suis chassé !
Seul !... Il ne voit donc pas, ce monarque insensé,
Quelle haine en mon cœur un tel affront allume ?

COUTURIER.

Cette haine est trop juste.

MONTANCLOS.

    Eh bien, de votre plume
Je viens en ce moment réclamer le secours.
Ministre, à vos talents j'ai souvent eu recours ;
Je connais votre verve et votre intelligence ;
Il vous faut maintenant aider à ma vengeance.
Pour me faire applaudir si j'ai prodigué l'or,
Pour punir mes affronts je paîrai mieux encor.
Je veux vous assurer une existence heureuse :
Plus que l'ambition la haine est généreuse.
Couturier, je suis riche, et vous me connaissez :
Puis-je compter sur vous ?

COUTURIER.

    Ordonnez.

MONTANCLOS.

      C'est assez.

PARTIE II, SCÈNE III.   183

Vous comprenez mon but et toute ma pensée?

COUTURIER.

Par moi votre vengeance est déjà commencée.

MONTANCLOS.

Vraiment?

COUTURIER.

Ce matin même; un article.... choisi.

MONTANCLOS.

Où donc?

COUTURIER.

Dans le journal de monsieur Ducroisy.
Quoi! vous n'avez pas lu?...

MONTANCLOS.

Si fait, si.

COUTURIER.

Je suppose
Que vous êtes content?

MONTANCLOS.

Je voudrais autre chose....
Votre article est parfait.... mais pas pour moi.

COUTURIER.

Comment?

MONTANCLOS.

Que m'importe la Charte et le Gouvernement?

COUTURIER.

J'attaque aussi la Cour, et je la rends suspecte.

MONTANCLOS.

Cette satire-là n'est point assez directe;
Vous semblez hésiter à verser le poison.

COUTURIER.

Écoutez donc, monsieur, j'ai peur de la prison.

MONTANCLOS.

Bah!

COUTURIER.

Devant le danger toujours je me retire :
Il faut avoir la foi pour courir au martyre ;
Et moi je suis athée.... en politique.

MONTANCLOS.

Eh bien !
Vous allez voir, mon cher, que vous ne risquez rien.
D'articles bien méchants je veux une série.
Inventez quelque fable ou quelque allégorie
Dont le public se plaise à pénétrer le sens ;
Que tous vos camouflets aient une odeur d'encens ;
D'égards et de respects habillez vos injures ;
Louez dans Philibert la ruse, les parjures ;
Sur ses actes, sur lui, revenez tous les jours ;
Faites-le mépriser en le vantant toujours.
Ainsi de tout lecteur on se fait un complice,
Et l'on marche à son but sans craindre la Police.

COUTURIER.

Je ne m'y firais pas.

MONTANCLOS.

Pour mieux vous rassurer,
Ces articles, c'est moi qui les fais insérer ;
Toujours incognito vous livrerez bataille.
Je saurai me pourvoir de quelque homme de paille,
Pour donner, sous son nom, vos écrits aux journaux,
Et paraître au besoin devant les tribunaux.

COUTURIER.

Eh bien, sur ce pied-là nous pourrons nous entendre.

MONTANCLOS.

Pas de retards au moins, je ne veux pas attendre.

COUTURIER.

Demain j'irai vous voir ; nous conviendrons de tout ;
Nous règlerons le plan.

MONTANCLOS.

Bien. De l'esprit, du goût,
De la méchanceté, c'est tout ce que j'exige.

COUTURIER.

Mais je reste inconnu !

MONTANCLOS.

J'en suis garant, vous dis-je.
Voudrais-je pour si peu compromettre un ami ?
Car vous devez penser qu'en ma haine affermi,
La guerre de journal ne saurait me suffire.
C'est à d'autres succès que ma vengeance aspire !

COUTURIER.

Quoi ! monsieur, se peut-il ?...

MONTANCLOS.

Ne vous alarmez pas ;
Je suis loin d'exiger que vous suiviez mes pas.
Je ne viens point ici tenter votre prudence ;
Gardez votre repos et votre indépendance :
Des articles, de vous c'est tout ce que je veux.

COUTURIER.

S'il ne faut que cela, je remplirai vos vœux.

MONTANCLOS.

Il suffit. Adieu donc, à demain, de bonne heure.

COUTURIER.

Comptez-y.

MONTANCLOS.

Vous savez sans doute où je demeure?

COUTURIER.

Oui; dans le beau quartier, celui de la Cité.
Parmi les plus brillants votre hôtel est cité.

MONTANCLOS.

Tout près de Notre-Dame.

COUTURIER.

Oh! la vieille Lutèce
S'embellit tous les jours.

MONTANCLOS.

Il est tard; je vous laisse.
Pensez à notre affaire; et vous verrez, je croi,
Qu'on ne perd pas son temps à travailler pour moi.

COUTURIER, seul.

Par ma foi! je vaux mieux encor qu'un pareil homme!
On m'accuse, on me blâme, égoïste on me nomme;
D'accord.... Mais devenir, du soir au lendemain,
De royaliste ardent fougueux républicain;
S'unir contre le trône à des projets sinistres,
Parce qu'on perd sa place au conseil des Ministres!
Ah! se venger ainsi, c'est se déshonorer.

COUTURIER, JOSEPH, ensuite DUMÉNIL.

JOSEPH, annonçant.

Monsieur Duménil.

COUTURIER.

Qui?

JOSEPH.

Duménil.

COUTURIER.

Fais entrer.

DUMÉNIL.

Monsieur, depuis trois jours je cherchais votre adresse :
J'ai pu la découvrir enfin ! et je m'empresse
De vous faire visite.

COUTURIER.

Enchanté de vous voir.

Mais de quoi s'agit-il ?

DUMÉNIL.

Vous allez le savoir.

COUTURIER.

Parlez.

DUMÉNIL.

Vous écrivez, monsieur, dans les Gazettes ?

COUTURIER.

Avec quelque succès, je m'en flatte.

DUMÉNIL.

Et vous êtes,

Si du moins on en croit vos amis peu discrets,
L'auteur de cet article?

COUTURIER.

Eh bien, monsieur, après?

DUMÉNIL.

Ainsi vous convenez....

COUTURIER.

Je n'en fais pas mystère.

DUMÉNIL.

Vous y louez beaucoup la Cour, le Ministère.

COUTURIER.

Sans doute.

DUMÉNIL.

Cet article a droit à leurs bontés.
Mais les républicains y sont très-mal traités.

COUTURIER.

C'est possible.

DUMÉNIL.

C'est sûr. Et moi, ne vous déplaise,
Je suis républicain, monsieur.

COUTURIER.

J'en suis fort aise.

DUMÉNIL.

Le parti que je sers est insulté par vous;
Et c'est un petit compte à régler entre nous.

COUTURIER.

Un duel?... Procédé plein de délicatesse.
Monsieur, je suis sensible à votre politesse;
Mais je ne me bats pas.

DUMÉNIL.

Quoi! monsieur....

COUTURIER.

Point de bruit.
Vous êtes, j'en suis sûr, spirituel, instruit;
Eh bien, dans le journal vous pouvez me répondre.
Libre à vous.

DUMÉNIL.

Ce langage a de quoi me confondre.
Vous refusez....

COUTURIER.

Voyons, discutons posément.
Êtes-vous offensé, vous, personnellement?

DUMÉNIL.

Non; mais....

COUTURIER.

Alors pourquoi faire le Don Quichotte?
Le redresseur de torts?

DUMÉNIL.

Monsieur....

COUTURIER.

Cela dénote
Peu d'usage du monde.

DUMÉNIL.

Ah çà! monsieur....

COUTURIER.

D'ailleurs
Dois-je donc tenir tête à tous les ferrailleurs?
Car, si j'étais pour vous complaisant et facile,
Tous les républicains me viendraient à la file;

Et, provoqué par eux, sans cesse il me faudrait
Avoir la dague au poing et la lance en arrêt.
C'est absurde !

DUMÉNIL.

Osez-vous joindre la raillerie ?...

COUTURIER.

Je me suis expliqué ; finissons, je vous prie.
Adieu ; que mon refus vous soit une leçon.
Allez, rentrez chez vous, comme un brave garçon :
Le grand air calmera votre chaleur guerrière.

DUMÉNIL.

Ah ! c'est trop supporter....

Les précédents, JOSEPH, ensuite LA BRUYÈRE.

JOSEPH, annonçant.

Monsieur de La Bruyère.

COUTURIER, à Duménil.

Vous voyez, j'ai quelqu'un....

DUMÉNIL.

Ne croyez pas ainsi
Vous délivrer de moi : je ne sors pas d'ici.
Recevez ce monsieur, terminez son affaire :
J'ai tout le temps.

(Il s'assied.)

COUTURIER.

Ah çà ! ne peut-on s'en défaire ?
Je suis las à la fin d'un tel original.

PARTIE II, SCÈNE III.

LA BRUYÈRE, à Couturier.

Vous avez ce matin, monsieur, dans un journal,
Écrit contre la Cour; et votre audace extrême
N'a pas craint d'outrager jusques au Roi lui-même.
Je suis un employé, monsieur, de sa maison;
Et je viens, s'il vous plaît, vous demander raison.

COUTURIER.

Encore un! Pour le coup, c'est donc une gageure?

LA BRUYÈRE.

Comment?

COUTURIER.

A tout Paris ma plume a fait injure,
(Montrant Duménil.)
Sans doute; car monsieur vient pour le même objet.

LA BRUYÈRE.

Pour demander raison?...

DUMÉNIL, se levant.

N'en ai-je pas sujet?

LA BRUYÈRE.

Oui, certes!

DUMÉNIL.

Je vous ai prévenu; je réclame....

LA BRUYÈRE.

C'est de droit.

DUMÉNIL.

N'est-ce pas que l'article est infâme?

LA BRUYÈRE.

Détestable!

DUMÉNIL.

Traiter ainsi des gens d'honneur,

Qui veulent du pays la gloire et le bonheur!

LA BRUYÈRE.

Sur ce qu'on doit chérir verser la calomnie!
A la mauvaise foi joindre encor l'ironie!...
Ah! monsieur paîra cher l'article d'aujourd'hui!

DUMÉNIL.

Il nous insulte tous; rien n'est sacré pour lui.

LA BRUYÈRE.

Et voilà cependant comment les journalistes
Osent traiter le Roi, la Cour, les Royalistes!

DUMÉNIL.

Vous dites?

LA BRUYÈRE.

Oui, monsieur; vous pensez comme moi :
Notre Roi qu'on outrage....

DUMÉNIL.

Eh! que me fait le Roi?

LA BRUYÈRE.

Comment? ses intérêts....

DUMÉNIL.

Sont pour moi peu de chose.

LA BRUYÈRE.

Nous ne servons donc pas, monsieur, la même cause?

DUMÉNIL.

C'est très-probable.

LA BRUYÈRE.

Alors qui vous amène ici?

DUMÉNIL.

Mais vous-même, monsieur, qu'y cherchez-vous aussi?

PARTIE II, SCÈNE III.

LA BRUYÈRE.

D'un article insolent il faut que je me venge.

DUMÉNIL.

Moi de même.

LA BRUYÈRE.

L'article est à votre louange.

DUMÉNIL.

A la vôtre plutôt.

LA BRUYÈRE.

Je l'ai lu ce matin;
Il attaque le trône.

DUMÉNIL.

Eh! non.

LA BRUYÈRE.

J'en suis certain.

DUMÉNIL.

L'article est rédigé contre la république.

LA BRUYÈRE.

Contre la royauté.

DUMÉNIL, tirant un journal de sa poche.

La preuve est sans réplique;
Je l'ai là.

LA BRUYÈRE, de même.

Le voici; le fait n'est pas douteux.

DUMÉNIL.

Voyez.

LA BRUYÈRE.

Voyez.

DUMÉNIL.

Alors il en a donc fait deux?

LA BRUYÈRE.

C'est cela! quand on vit de scandale et d'intrigue....

DUMÉNIL.

Tantôt : Vive le Roi! tantôt : Vive la Ligue!

LA BRUYÈRE.

Il souffle tour à tour et le chaud et le froid.

DUMÉNIL, à Couturier.

Finissons-en. Monsieur, je renonce à mon droit;
Je vous laisse le choix du jour, du lieu, des armes.

COUTURIER.

Messieurs, puisqu'un duel a pour vous tant de charmes,
Il faut vous contenter.

DUMÉNIL.

    Vous cédez donc enfin!

COUTURIER.

Monsieur est royaliste, et vous républicain;
Vous êtes ennemis; le hasard vous rassemble;
Ne me fatiguez plus, et battez-vous ensemble,
Si cela vous amuse.

LA BRUYÈRE.

    Ai-je bien entendu?

DUMÉNIL.

Eh quoi! vous persistez....

COUTURIER.

    J'ai déjà répondu.

LA BRUYÈRE.

Vous êtes donc un lâche?

COUTURIER.

    Eh! monsieur!

DUMÉNIL.
Un infâme?
COUTURIER.
Monsieur!
LA BRUYÈRE.
Un malheureux sans pudeur et sans âme?
DUMÉNIL.
Quand on est insolent, on doit manquer de cœur.
COUTURIER.
Prenez garde!
LA BRUYÈRE.
Et monsieur raille et fait le moqueur!
COUTURIER.
Oui, monsieur.
DUMÉNIL.
Avec vous, nous, avoir une affaire?
LA BRUYÈRE.
Il ne vaut pas l'honneur que nous voulions lui faire;
Tous les partis en lui trouvent un plat valet.
Sortons.
COUTURIER.
Non pas, messieurs; demeurez, s'il vous plaît.
De me rendre raison à mon tour je vous somme.
Ah! vous voulez vous battre? Eh bien, je suis votre homme.
Nous nous battrons, messieurs; ici même, à l'instant.
DUMÉNIL.
Quoi! vous voulez....
COUTURIER, allant chercher des épées dans un meuble.
J'ai là tout ce qu'il faut.

LA BRUYÈRE.

Pourtant,
On ne peut....

COUTURIER.

A présent, voyons votre courage.

LA BRUYÈRE.

Ici?

COUTURIER.

Tous lieux sont bons pour laver un outrage.

DUMÉNIL.

Mais, monsieur....

COUTURIER, *présentant les épées à Duménil.*

Choisissez.

LA BRUYÈRE.

Chez vous? sans un témoin
Qui puisse garantir....

COUTURIER.

Je n'en ai pas besoin.

LA BRUYÈRE.

Mais nous?

COUTURIER.

Que de façons! servez-vous-en l'un l'autre.

(A Duménil.)   (A La Bruyère.)

Prenez, c'est votre tour. Après, viendra le vôtre.

DUMÉNIL, *à La Bruyère.*

Que faire?

COUTURIER.

Dépêchons.

LA BRUYÈRE, *à Duménil.*

Nous serions compromis :

Cela ne se peut pas; le public, nos amis...

COUTURIER.

Messieurs, tous ces délais sont de mauvais augure.

DUMÉNIL.

Songez....

COUTURIER.

En garde donc.... ou je vous défigure.

DUMÉNIL, prenant une épée.

C'en est trop!

LA BRUYÈRE, se jetant entre eux.

Arrêtez! remettons à demain....

~~~~~~

Les précédents, DUCROISY, BAUDRICOUR, VICTOR GRICHARD.

DUCROISY.

Couturier furieux, et l'épée à la main! Qu'est-ce donc?

COUTURIER.

Laissez-moi, mon cher, je vous supplie.

DUCROISY.

Non, vraiment.

VICTOR.

Couturier!

DUCROISY.

Quelle est cette folie?

COUTURIER.

Je dois une leçon à ces messieurs.

DUCROISY.

Morbleu !
Bas les armes. Voyons, expliquez-vous un peu.
Que veut dire ceci ? d'où naît cette querelle ?

LA BRUYÈRE.

Oh ! quant à moi, la cause en est bien naturelle.
Monsieur, dans un journal tout-puissant à Paris,
Sur le Roi, sur le trône a versé les mépris ;
La Cour est, à l'en croire, insolente et servile....
Moi, qui suis employé de la Liste civile,
Et qui m'en fais honneur, j'ai cru de mon devoir....

DUCROISY.

Je comprends. Mais, monsieur, vous devriez savoir
Que contre les duels nos lois sont positives,
Et que vous encourez des peines afflictives.

LA BRUYÈRE.

Qu'importe ?

DUCROISY.

En vous battant, vous perdez votre emploi.

LA BRUYÈRE.

J'aurai prouvé du moins mon dévouement au Roi.

DUCROISY.

Vous le compromettez quand vous tirez l'épée.

LA BRUYÈRE.

Moi ?

DUCROISY.

Demain les journaux, contant votre équipée,
Vont à Philibert seul imputer vos desseins.
On dira qu'à sa solde il a des spadassins,
Des bretteurs, qui, trop sûrs d'un triomphe facile,

Osent, des citoyens forçant le domicile,
D'un combat inégal leur imposer la loi,
Et répandent le sang.... pour obéir au Roi.

LA BRUYÈRE.

Se peut-il?... En effet!... oui, la haine, l'envie....
Et ce Prince, pour qui je donnerais ma vie,
Quoi! mon zèle imprudent le ferait soupçonner....
Non!... Tout orgueil ici me doit abandonner :
Pour garantir le Roi, que déjà l'on accuse,
(A Couturier.)
Rien ne doit me coûter!... Je vous demande excuse,
Monsieur.

COUTURIER.

Que dites-vous?

LA BRUYÈRE.

Mais vous serez discret?
Vous me le promettez?

COUTURIER.

Je m'engage au secret.

VICTOR, à Ducroisy.

Il est de braves gens parmi les royalistes.

LA BRUYÈRE.

Et ces messieurs?

BAUDRICOUR.

Monsieur, nous sommes journalistes;
Et, dans notre intérêt....

COUTURIER, à La Bruyère.

N'ayez aucun effroi;
Ce qui se passe ici ne regarde que moi.

VICTOR.

Couturier a raison.

DUCROISY.

Nul de nous ne balance;
Tous, nous vous promettons de garder le silence.

LA BRUYÈRE.

J'y compte; et je verrai, messieurs, avec bonheur,
Que dans tous les partis il est des gens d'honneur.
Adieu.

(Il sort.)

~~~~~~~~~~~~~~~~~~~~~~~~~~~~~~~~~~~~

Les précédents, excepté LA BRUYÈRE.

VICTOR.

S'humilier! ce dévoûment l'honore.
Brave jeune homme!

DUCROISY.

Ah çà! tout n'est pas dit encore.
Voyons un peu : quel est cet autre tapageur?

BAUDRICOUR.

Qui? lui? c'est Duménil, le commis-voyageur.

DUCROISY.

Un des nôtres? Alors quelle raison l'amène?
Comment! à Couturier il vient faire une scène!

DUMÉNIL.

Il a dans un journal attaqué nos amis.

DUCROISY.

Qu'importe? A Couturier, mon cher, tout est permis;
D'écrire ce qu'il veut il a le privilége.

DUMÉNIL.

J'ignorais....

BAUDRICOUR.

On s'informe avant d'agir.

DUMÉNIL.

Que sais-je
Si....

DUCROISY.

C'est bon; tout est dit, et donnez-vous la main.

DUMÉNIL.

Volontiers.

COUTURIER.

Allons, soit.

BAUDRICOUR.

Soyez prêt pour demain,
Duménil.

DUMÉNIL.

Bon.

DUCROISY.

Demain? mais dès ce soir peut-être....

DUMÉNIL.

Eh bien, va pour ce soir. Quand il faudra paraître,
Je ne bouderai pas; Baudricour me connaît.

BAUDRICOUR.

Où vous trouvera-t-on?

DUMÉNIL.

Dans cet estaminet,
Vous savez?

BAUDRICOUR.

Ah! bien.

DUMÉNIL.

Là, gaîment le temps s'écoule :
Nous fumons le cigare, et nous jouons la poule.
Tous les soirs on est sûr de m'y trouver.

BAUDRICOUR.

J'entends.

DUMÉNIL.

Messieurs, je ne veux pas vous tenir plus longtemps;
Je me retire. Adieu, mon vaillant adversaire.
Je vous croyais du trône un fougueux émissaire.

COUTURIER.

Moi?

DUMÉNIL.

Ces messieurs ont mis mon esprit en repos....
Mais ils sont arrivés, ma foi! bien à propos.

(Il sort.)

Les précédents, excepté DUMÉNIL.

DUCROISY.

Je ne puis revenir de ma surprise extrême!
Vous, qui, calme et prudent, êtes tout pour vous-même,
Vous battre! un Duménil est par vous provoqué!
Quelle mouche, mon cher, vous avait donc piqué?

COUTURIER.

Oh! moquez-vous de moi, si cela peut vous plaire.
J'en conviens, je me mets rarement en colère;
Mais, morbleu! quand j'y suis, c'est tout de bon.

VICTOR, voyant entrer ses amis.

Dogard,
Et nos autres amis.

Les précédents, DOGARD, LECOUVREUR
ET QUATRE AUTRES JEUNES GENS.

DOGARD.
Nous sommes en retard
Peut-être?

BAUDRICOUR.
D'un quart d'heure.

DOGARD, à l'un de ses camarades.
Eh bien! tu vois, Saint-Yves.

BAUDRICOUR.
Ah çà! dites-nous donc, Couturier, vos convives
Sont-ils tous arrivés?

COUTURIER.
Il en manque encor deux,
Cluchet et Busineau.

BAUDRICOUR.
Ma foi! tant pis pour eux.
Je suis très-fort d'avis de ne pas les attendre;
Je meurs de faim, mon cher.

COUTURIER.
Tenez, je crois entendre....
Justement ce sont eux. Je vais faire dresser.

(Il sort.)

Les précédents, CLUCHET, BUSINEAU.

BAUDRICOUR, à Cluchet et à Busineau.

Allons donc!

BUSINEAU.

Ce n'est pas faute de nous presser.

DUCROISY.

Vous êtes tout en nage, et couverts de poussière.

BUSINEAU.

Nous étions tout à l'heure encore à la barrière.

VICTOR.

Mais d'où venez-vous donc?

CLUCHET.

Nous? des Prés Saint-Gervais;
Et le poste, messieurs, n'a pas été mauvais.
Oui, voilà ce que c'est que de se mettre en quête:
Nous avons commencé la plus belle conquête!...

DOGARD.

Vrai?

CLUCHET.

Des sous-officiers.

DUCROISY.

Se peut-il?

VICTOR.

Apprends-nous....

BUSINEAU.

Et demain avec eux nous avons rendez-vous.

PARTIE II, SCÈNE III.

DOGARD.

Raconte vite....

DUCROISY.

Non; il vaut mieux qu'il diffère.
Vous voyez qu'il s'agit d'une importante affaire;
D'entendre les détails nous n'aurions pas le temps.

BAUDRICOUR.

Oui, c'est juste.

DUCROISY, bas à Cluchet.

Ce soir, chez moi je vous attends.

CLUCHET, à Ducroisy.

Il suffit.

BUSINEAU.

Avons-nous, messieurs, quelque nouvelle?
Cette Chambre des Pairs, eh bien, en finit-elle?

BAUDRICOUR.

La loi d'élection se discute toujours.

DOGARD.

Ils pérorent déjà depuis quatre ou cinq jours.

DUCROISY.

Ils vont finir.

CLUCHET.

Du vote aurez-vous connaissance
Aussitôt?...

DUCROISY.

J'ai Morel; il suit chaque séance;
Et d'heure en heure....

Les précédents, MOREL.

MOREL, à Ducroisy.

Enfin, je vous trouve.

DUCROISY.

Comment ! C'est vous ? a-t-on voté ?

MOREL.

Pas encor. Seulement, La séance, monsieur, vient d'être suspendue.

DUCROISY.

Ainsi, rien n'est fini ? la loi n'est pas rendue ?

MOREL.

Non ; mais pour terminer, ils reprendront ce soir.

VICTOR.

Ils la rejetteront.

DUCROISY.

C'est aussi mon espoir.

VICTOR.

Quoi qu'il puisse arriver, nos mesures sont prises.

DOGARD.

Les ordres sont donnés.

DUCROISY.

Surtout pas de méprises.

CLUCHET.

Non ; la marche est tout autre en cas d'adoption.

DUCROISY.

Retournez au bureau de la rédaction,

Morel.

MOREL.

Je vais dîner, et m'y rends tout de suite.

(Il sort.)

DOGARD.

Attendons que les Pairs règlent notre conduite.

CLUCHET.

Quelques heures encor.

BUSINEAU.

Ce qui me fait plaisir,

C'est qu'au moins nous pourrons dîner tout à loisir.

(Couturier rentre, suivi de Joseph.)

JOSEPH.

Ces messieurs sont servis.

PLUSIEURS VOIX.

Allons, à table, à table.

COUTURIER.

Passez, messieurs.

BUSINEAU.

Dîner! quel moment délectable!

CLUCHET, à Couturier.

Nous ferons tous, mon cher, honneur à ton repas.

COUTURIER.

Tant mieux!... mais en mangeant ne politiquez pas.

(Ils vont dîner.)

DEUXIÈME PARTIE.

SCÈNE IV.

PERSONNAGES

DE LA SCÈNE QUATRIÈME.

VICTOR GRICHARD.

DOGARD.

LECOUVREUR.

DUMÉNIL.

Mme DOGARD, Portière, mère de Dogard.

AUBERT, Épicier.

Mme AUBERT, sa Femme.

Mme GIRODEAU, Sage-femme.

MADELEINE, Fruitière.

POIREL, Garçon herboriste.

Voisins et Voisines.

Ouvriers, Hommes et Femmes du peuple.

La scène est sur une place publique.

DEUXIÈME PARTIE.

SCÈNE IV.

Une place publique.

Au fond de la scène, des groupes d'ouvriers et d'hommes du peuple, au milieu desquels Duménil, Lecouvreur, et autres jeunes gens bien mis parlent avec action. Tous les habitants de la place sont, les uns aux fenêtres, d'autres sur le pas de leur porte, d'autres sur le devant de la scène.

AUBERT, Mme AUBERT, Mme GIRODEAU, MADELEINE, POIREL, ETC. sur le devant de la scène.

Mme AUBERT.

Que va-t-il se passer?

Mme GIRODEAU.

Tenez! comme l'on crie!

UNE VOISINE, à sa fenêtre.

Hé! madame Aubert!

Mme AUBERT.

Quoi?

LA VOISINE.

Dites-moi, je vous prie;
Savez-vous ce que c'est?

Mme AUBERT.

Eh non! je n'en sais rien:
Quelque émeute sans doute.

LA VOISINE.

Est-il possible?

Mme AUBERT.

Eh bien,
Descendez donc.

LA VOISINE.

Non pas; je reste à la fenêtre.
C'est plus sûr.

Mme GIRODEAU.

Tout ce bruit, c'est pour le pain peut-être.

MADELEINE.

En ce cas on fait bien, car il est hors de prix :
Un franc les deux kilos.

AUBERT.

Je n'en suis pas surpris;
La récolte a manqué.

UNE ÉCAILLÈRE.

Laissez donc! la récolte !
C'est le Gouvernement.

MADELEINE.

Une bonne révolte,
Le pain diminuera.

L'ÉCAILLÈRE.

C'est ça, révoltons-nous;
Madeleine a raison.

AUBERT.

Et qu'y gagnerez-vous ?

Mme GIRODEAU.

Le pain ne doit valoir que soixante centimes.

AUBERT.

Mais....

MADELEINE.

Des accapareurs nous sommes les victimes.

L'ÉCAILLÈRE.

On affame le peuple exprès, c'est odieux.

⁂

Les précédents, Mme DOGARD, qui s'était approchée des groupes.

Mme AUBERT.

Eh bien, mère Dogard?

MADELEINE.

C'est pour le pain?

Mme DOGARD.

Bien mieux!
Il s'agit d'électeurs et de droits politiques.

AUBERT.

Nous ferions bien alors de fermer nos boutiques.

L'ÉCAILLÈRE.

Il a peur, l'épicier!

AUBERT.

Peur? jamais! Cependant
La prudence....

Mme GIRODEAU.

On le sait, vous êtes fort prudent.

(Pendant le reste de la scène, Aubert rentre les pains de sucre, les caisses de pruneaux, etc. qui sont exposés devant sa boutique.)

Mme AUBERT.

Mais, madame Dogard, ces droits que l'on réclame,

Et dont vous nous parlez, qu'est-ce que c'est?

Mme DOGARD.

Oh dame!...
Ce sont des droits.

Mme AUBERT.

Lesquels?

Mme DOGARD.

Ce soir je le saurai;
A mon fils l'avocat je le demanderai.

POIREL.

Ça c'est vrai que Dogard est savant!

Mme DOGARD.

Je l'espère!
Il vous parle latin!...

Mme GIRODEAU.

Mais comment feu son père,
Un portier sans fortune et sans instruction,
A-t-il pu lui donner cette éducation?

Mme DOGARD.

Nous n'avons rien payé; ce n'est point un mystère.
C'est son parrain lui seul, notre propriétaire,
Qui l'a mis au collége.

Mme GIRODEAU.

Il lui devait cela.

Mme DOGARD.

Madame Girodeau, qu'entendez-vous par là?

Mme GIRODEAU.

Rien, madame Dogard.

Mme DOGARD.

Ah! mais, prenez-y garde

Au moins; pas de propos.

Mme GIRODEAU.

Moi, que je me hasarde....

Mme DOGARD.

Sur mon compte on n'a rien à dire, Dieu merci!
Et mon fils l'avocat.... justement le voici.

~~~~~~~~~~~~~~~~~~~~~~~~~~~~~~~~~

Les précédents, DOGARD, entrant par un côté du théâtre.

Mme DOGARD, allant au-devant de son fils.

Eh! viens donc!

DOGARD.

M'accoster au milieu de la rue!
Et dans un tel costume!

Mme DOGARD.

Oh! je suis accourue

Dès que je t'ai vu.

DOGARD.

Bien!... n'arrêtez point mes pas....
Ciel! les voisins.... Comment! vous ne m'embrassez pas?

- Mme DOGARD.

Cher Baptiste!

Mme AUBERT.

Des fils voilà le vrai modèle.

L'ÉCAILLÈRE.

Il respecte sa mère, et ne rougit pas d'elle.

Mme GIRODEAU.

Ah! c'est qu'il a du cœur.

MADELEINE.

C'est un brave garçon,
Point fier de son savoir, avec nous sans façon.

DOGARD.

Mes chers voisins, combien votre amitié m'honore !
Bonjour, Poirel.

POIREL.

De moi tu te souviens encore?

DOGARD.

Par exemple! un ami?

POIREL.

Tu me fais trop d'honneur.

LECOUVREUR.

Messieurs, voici Dogard.

DUMÉNIL.

Dogard? ah! quel bonheur!
(Tous les groupes redescendent la scène.)
Eh bien! quelle nouvelle est par vous apportée?

LECOUVREUR.

La loi d'élection est-elle enfin votée?

DOGARD.

Nous saurons notre sort, messieurs, dans un instant;
On recueille les voix.

TOUS.

Ah!

DOGARD.

Ce vote important
Bientôt va resserrer ou briser nos entraves.
Serons-nous libres?

LE PEUPLE, entraîné par Lecouvreur.

Oui.

DOGARD.

Resterons-nous esclaves?

LE PEUPLE, entraîné par Duménil.

Jamais!

DOGARD.

Notre avenir est encore incertain;
Du caprice des Pairs dépend notre destin.

DUMÉNIL.

Et nous le souffririons? non, plus de priviléges.

LECOUVREUR.

Le peuple veut la loi, veut l'entrée aux colléges....
N'est-ce pas, mes amis, vous voulez tous la loi?

TOUS.

Oui, oui, nous la voulons.

UN HOMME DU PEUPLE, à l'un de ses camarades.

Sais-tu ce que c'est, toi?

LE CAMARADE.

Du tout; mais c'est égal.... Vive la loi!

DOGARD.

Peut-être,
Parmi vous quelques-uns voudraient la mieux connaître,
Savoir de cette loi quels bienfaits vont jaillir,
Et quel profit le peuple en pourra recueillir?

POIREL.

Parle-t-il bien! bravo!

DOGARD.

Je vais vous en instruire.
A l'ilotisme pur on prétend vous réduire;

On vous compte pour rien ; ouvrez enfin les yeux....
PLUSIEURS VOIX.
Sur le banc ! sur le banc !
POIREL.
    Oui, nous entendrons mieux.
DOGARD, monté sur un banc.
Le peuple seul féconde, enrichit la patrie ;
Chez lui sont les vertus, la force, l'industrie ;
Et cependant il est sans pouvoir, sans appui !
Et tout se fait sans lui, malgré lui, contre lui !
Les succès des partis sont pour vous des défaites.
Oui, victimes des lois que vous n'avez point faites,
Vos vœux, vos intérêts ne sont pas discutés,
Car les riches eux seuls nomment les Députés ;
Et vous savez qu'entre eux toujours ils se choisissent.
Les riches font les lois que les pauvres subissent.
Vos seuls droits, les voici : marcher sous les drapeaux,
Travailler, obéir, et payer les impôts.
VOIX NOMBREUSES.
Oui, c'est vrai !
D'AUTRES VOIX.
    C'est infâme !
DOGARD.
      Eh bien, la loi nouvelle
Égalise les rangs, les confond, les nivelle.
La richesse n'est plus un titre protecteur :
Tout citoyen français de droit est électeur.
Vous pouvez tous, dictant vos volontés suprêmes,
Choisir vos Députés, être nommés vous-mêmes ;
Et dans la Chambre alors, apôtres du progrès,

Du peuple souverain servir les intérêts.
C'est ainsi qu'au pouvoir la loi vous associe.

VOIX NOMBREUSES, se succédant.

Bravo! vive la loi! plus d'aristocratie!
Non! non!

DUMÉNIL.

Silence donc! que sert de tant crier?

LECOUVREUR, désignant un homme en tablier.

Laissez parler monsieur.

UN OUVRIER.

Pardon.... un ouvrier
Pourra donc être élu?

DOGARD.

Sans doute; et de la Chambre
Il n'est aucun de vous qui ne puisse être membre.

L'OUVRIER.

Mais il faut du talent.

DOGARD.

Non, désabusez-vous;
Il suffit du bon sens.... et vous en avez tous.

LECOUVREUR.

Cependant pour combattre un habile adversaire....

DOGARD.

Eh bien, si le savoir vous paraît nécessaire,
N'est-il pas dans vos rangs des hommes de vertu,
Dont la voix, dont la plume ont pour vous combattu?
Des hommes qui pour vous sacrifieraient leur vie?
Il en est un surtout qu'au peuple l'on envie :
Victor Grichard.

DES VOIX.

C'est vrai !

UNE VOIX.

Le fils du perruquier?

DOGARD.

Lui-même.

UNE VOIX.

Bon garçon.

UNE AUTRE.

Aimé dans le quartier.

UNE AUTRE.

Savant !

DOGARD.

Et qui n'aura d'intérêt que le vôtre.

DES VOIX.

Il faut le nommer.

POIREL.

Moi, j'en sais encore un autre :
C'est Baptiste Dogard, qui parle pour autrui.

DOGARD.

Qui? moi ?

VOIX NOMBREUSES.

Bravo! bravo! Vive Dogard ! oui! oui!

DOGARD.

Mes chers concitoyens, votre estime m'honore.
Mais songez que la loi n'est pas votée encore;
Il n'est pas temps....

POIREL.

N'importe! et tu dois accepter.

DOGARD.

Ah! de mon dévouement vous ne sauriez douter.
Je suis du peuple aussi, du peuple, et j'en fais gloire!
De mon obscur berceau je garde la mémoire;
Mes succès n'ont jamais affaibli mon amour
Pour les humbles parents dont j'ai reçu le jour :
Je porte dans mon cœur ma mère et ma patrie!...
Je la vois parmi vous, cette mère chérie!...
Ah! pour elle, pour vous, rien ne peut me coûter!
Oui, si j'obtiens l'honneur de vous représenter,
Je voue à mon pays toute mon existence.
Je veux par mes efforts, mes travaux, ma constance,
Au peuple avec ses droits rendant sa dignité,
Lui conquérir un bien surtout.... l'égalité.
Et si quelques lauriers sont alors mon salaire,
J'irai les déposer aux genoux de ma mère.

POIREL.

Superbe!

DES VOIX.

Bien!

D'AUTRES VOIX.

Très-bien!

UNE VOIX.

Sa mère et son pays!

Mme DOGARD, pleurant.

Baptiste!... Ah! quel bonheur d'avoir un pareil fils!

DUMÉNIL, à Lecouvreur.

Est-il blagueur!

LECOUVREUR.

Paix donc, mon cher! on nous écoute.

UN HOMME des dernières classes.

Monsieur Dogard, serai-je électeur, moi?

DOGARD.

Sans doute.
Vous le serez tous.

L'HOMME DU PEUPLE.

Bon! j'ai déjà fait mon choix.

UN AUTRE.

Monsieur Dogard?

DOGARD.

Eh bien?

LE MÊME.

Peut-on vendre sa voix?

DOGARD.

Jamais! Vendre serait un acte illégitime....
Mais on peut accepter quelques marques d'estime.

DUMÉNIL.

Et c'est bien différent.

POIREL.

Oh! sans doute.

LECOUVREUR.

En effet:
La loi d'élection pour tous est un bienfait;
Mais l'ouvrier qui va déposer son suffrage,
Pour remplir ce devoir néglige son ouvrage,
Ses intérêts; il faut qu'il soit dédommagé,
S'il le veut, par celui qu'il aura protégé.

DES VOIX.

C'est juste.

LECOUVREUR.

Et de sa perte il sera seul l'arbitre.

D'AUTRES VOIX.

Oui, très-bien.

UN BALAYEUR.

Pharamond, veux-tu payer un litre ?
T'auras ma voix.

PHARAMOND.

Nigaud ! quand viendra le moment,
Nous serons régalés et payés largement.
Laisse faire.

LE BALAYEUR.

Tu crois ?

DOGARD.

Mes chers compatriotes,
Notre bonheur futur dépendra de nos votes.
Jusqu'à ce jour, le peuple, en esclave traité,
A la Chambre jamais ne fut représenté ;
Nommez des Députés tout à vous, populaires,
Vous verrez aussitôt augmenter vos salaires,
Les grands ne vivront plus aux dépens des petits,
Et les impôts surtout seront mieux répartis.
Enfin avec la loi qu'on attend, qu'on espère,
Le peuple est libre, heureux, et la France prospère ;
Mais, sans la loi, pour vous plus d'espoir désormais,
Et sous un joug honteux vous restez à jamais.

VOIX TUMULTUEUSES.

La loi ! nous la voulons ! elle sera votée !
Oui !

Les précédents, VICTOR GRICHARD.

VICTOR.

La loi par les Pairs vient d'être rejetée.

TOUS.

Oh!

VICTOR.

Rejetée, après de scandaleux débats.

VOIX TUMULTUEUSES.

La loi! vive le peuple! à bas les Pairs! à bas!

(Les boutiques se ferment, et une partie des curieux se disperse.)

VICTOR, monté sur le banc.

Oui, la Chambre des Pairs vous insulte et vous brave!
Le peuple allait régner, on veut qu'il soit esclave;
Et de la liberté vous fermant les chemins,
On rattache les fers qui tombaient de vos mains.
Vos droits sont violés, ce rejet vous l'atteste.
Contre un tel vote, il faut que le peuple proteste.
Qu'il ne se borne plus à de stériles vœux;
Il est temps qu'il se lève, et qu'il dise : Je veux.

VOIX TUMULTUEUSES.

Oui, nous voulons la loi! bravo! des barricades!
Aux armes!

VICTOR.

Mes amis....

TOUS.

La loi!

VICTOR.

Mes camarades,

Mes chers concitoyens, du calme, point d'excès;
Ne déshonorons pas le beau nom de Français.
Lorsqu'à l'iniquité nous allons mettre un terme,
Montrons une attitude à la fois digne et ferme;
Ayons pour ralliement le cri de liberté,
Et pour armes, nos droits et notre volonté.
Déjà dans tout Paris le peuple se rassemble :
Jusqu'au palais du Roi rendons-nous tous ensemble;
A renverser les Pairs soyons bien résolus,
C'est assez.... et demain ils n'existeront plus.

DOGARD.

Eh bien! sois notre chef!

VOIX NOMBREUSES.

Oui!... tous en rang!... Silence!...

LECOUVREUR.

Conduis-nous.

VICTOR.

J'y consens.... mais pas de violence.

TOUS.

Nous le jurons.

VICTOR.

Respect aux personnes, aux biens.

TOUS.

Oui! oui!

VICTOR.

Protection à tous les citoyens.

TOUS.

Oui! oui!

VICTOR.

Que de son rang nul de vous ne s'écarte. Marchons!

LE PEUPLE sort en ordre, et en criant :

A bas les Pairs! à bas! vive la Charte!

FIN DE LA DEUXIÈME PARTIE.

L'AN
DIX-NEUF CENT VINGT-HUIT.

TROISIÈME PARTIE.

SCÈNE I.

PERSONNAGES

DE LA SCÈNE PREMIÈRE.

DUCROISY.
BAUDRICOUR.
CLUCHET.
VICTOR GRICHARD.
DOGARD.
Mme DE RANCY.
Officiers de différents grades.

La scène est chez M. Ducroisy.

L'AN DIX-NEUF CENT VINGT-HUIT.

TROISIÈME PARTIE.

SCÈNE PREMIÈRE.

Chez M. Ducroisy.

BAUDRICOUR, CLUCHET.

(Baudricour écrit, Cluchet lit un journal.)

BAUDRICOUR, posant la plume et se levant.

Mon travail est fini! je crois qu'il n'est pas mal.
Que lisez-vous donc là, Cluchet?

CLUCHET.

　　　　　　　　C'est un journal
Du mois dernier.

BAUDRICOUR.

　　　　Parbleu! l'idée est singulière.

CLUCHET.

J'aime assez à jeter un coup d'œil en arrière.
En lisant ce journal, je compare, et je vois
Quel chemin notre cause a fait depuis un mois :
Le vote universel, la Charte réformée,

La Chambre inamovible à la fin supprimée,
Nous autres jeunes gens qui pouvons être élus
Sitôt que nous avons vingt-cinq ans révolus,
Les Députés payés, une Chambre nouvelle
Dont l'opposition d'avance se révèle....

(Montrant le journal.)

Un tel succès alors semblait bien éloigné;
Et voilà le terrain que nous avons gagné.

BAUDRICOUR.

Ajoutez qu'il n'est plus aucune sympathie
Pour Philibert second et pour sa dynastie;
Nous avons ruiné l'amour qu'on eut pour eux;
Et pour la république on fait partout des vœux.

CLUCHET.

A propos, avons-nous enfin un ministère?

BAUDRICOUR.

A peu près, oui; les noms sont encore un mystère,
Mais on paraît d'accord; tout s'achève aujourd'hui.
C'est ce que Ducroisy m'a fait entendre.

CLUCHET.

Et lui,

A-t-il un portefeuille?

BAUDRICOUR.

Il peut choisir sans doute :

La Cour voudrait gagner l'homme qu'elle redoute;
Mais je ne pense pas qu'il accepte.

CLUCHET.

Pourquoi?

BAUDRICOUR.

Y songez-vous, mon cher? lui, ministre du Roi?

Ce serait renverser l'œuvre de dix années,
Arrêter dans leur cours ses hautes destinées,
De ses nombreux travaux abandonner le prix....
Vous savez son espoir, il vous a tout appris;
Car il a confiance en vous comme en moi-même.

CLUCHET.

Mon zèle....

BAUDRICOUR.

   Oui, Ducroisy vous distingue et vous aime.
Parmi les jeunes gens entraînés sur ses pas,
Il ne voit que vous seul qui n'hésiterez pas
Quand il faudra plus tard cimenter notre ouvrage.
Victor a du savoir, des talents, du courage;
Mais cette ambition dont il est dévoré,
Des scrupules encor ne l'a point délivré.
Se flattant de briller dans une république,
A renverser le trône avec nous il s'applique;
De la chute du Roi son orgueil a besoin....
Mais après ce triomphe il n'ira pas plus loin;
Et si quelques rigueurs devenaient nécessaires,
Nous le verrions bientôt parmi nos adversaires.
Quant à Dogard, sans doute on peut compter sur lui;
Quels que soient nos projets, ils auront son appui.
Mais toute impression est chez lui passagère,
C'est un esprit futile, une tête légère;
Il faut qu'on le dirige, il ne calcule rien,
Et ne fait franchement ni le mal ni le bien.
Pour les autres, ce sont des instruments vulgaires;
Le but et les moyens ne leur importent guères;
Tout pouvoir leur déplaît, les gêne, et quelque jour

Peut-être il nous faudra les craindre à notre tour.
Tandis que vous, Cluchet, vous avez l'âme forte;
L'imagination jamais ne vous emporte;
Sur tous les préjugés étendant vos mépris,
Vous voulez réussir, il n'importe à quel prix;
Vous serez sans pitié pour qui nous est hostile;
Pour vous tout acte est juste alors qu'il est utile.
Telle est l'opinion que nous avons de vous.

CLUCHET.

De la justifier vous me verrez jaloux.
Oui, tout conspirateur doit être sans scrupule :
En révolution, malheur à qui recule.
L'audace est une égide, on en est protégé.

BAUDRICOUR.

C'est cela!... Ducroisy vous avait bien jugé.
Voilà parler en homme! et j'aime à vous entendre.

CLUCHET.

Ah çà! le cher patron se fait longtemps attendre.
Il n'en finit donc pas, avec ces officiers?

BAUDRICOUR.

Il leur parle patrie, avancement, lauriers;
Il séduit les esprits, il échauffe les têtes.

CLUCHET.

C'est encor là pourtant une de nos conquêtes!
Vous vous en souvenez, trois ou quatre sergents,
Gagnés par nous, plus tard ont été nos agents.
Nous sommes arrivés enfin aux capitaines,
Aux colonels.... bien plus! j'ai des preuves certaines
Que, par des passe-droits fortement ébranlé,

Un général....

    BAUDRICOUR, voyant entrer Ducroisy et les officiers.
Silence!

~~~~~~

Les précédents, DUCROISY, et plusieurs capitaines et officiers supérieurs.

    DUCROISY, aux officiers.

        Allons, tout est réglé!
Vous voulez comme moi le bonheur de la France,
Et de votre concours j'accepte l'assurance....
J'oubliais!... Comme il faut tout craindre et tout prévoir,
Je ne dois plus ainsi chez moi vous recevoir;
Nos rapports trop fréquents pourraient vous compromettre.
Faisons mieux: chaque jour, pour ne point nous commettre,
Cluchet ou Baudricour, que vous connaissez tous,
Dans un lieu convenu s'entendront avec vous.
Mais d'ailleurs, sans trahir notre secret commerce,
Nous nous rencontrerons dans quelque maison tierce....
Madame de Rancy, par exemple, ce soir,
Donne un bal; librement nous pourrons nous y voir.
Adieu. Discrétion, courage et patience.
(Les officiers sortent après avoir échangé des poignées de main avec Ducroisy, Baudricour et Cluchet.)

DUCROISY, BAUDRICOUR, CLUCHET.

DUCROISY.

J'espère qu'à présent vous prenez confiance?
Vous le voyez, l'armée est aujourd'hui pour nous.
Ce succès vous est dû, la gloire en est à vous,
Cluchet; comment payer cet important service?

CLUCHET.

Monsieur, le hasard seul....

DUCROISY.

     Non, je vous rends justice,
On n'a pas plus de tact, plus de dextérité.
Aussi que n'ai-je pu vous faire Député!
Oui, comme vos amis, vous deviez être membre....

CLUCHET.

Je n'ai point l'âge encor pour siéger à la Chambre;
Il me manque deux mois.

DUCROISY.

    L'an prochain, soyez sûr....

CLUCHET.

Non, tenez, je préfère un bonheur plus obscur.
Dogard, comme Victor, du pouvoir est avide;
Tous deux veulent briller.... Moi, je tiens au solide.
Moins d'honneur, plus d'argent.

BAUDRICOUR.

     C'est ma devise aussi.

CLUCHET.

De gloire et de renom peu jaloux, Dieu merci,

PARTIE III, SCÈNE I.

Je laisse à nos amis les succès de tribune;
Je m'attache à vous seul, je suis votre fortune;
Et vois avec dédain, comptant sur vos bontés,
Les mille francs par mois qu'on paye aux Députés.

DUCROISY.

Cher Cluchet! d'un ami voilà bien le langage!
Un pareil dévoûment et me touche et m'engage.
Vous voulez la fortune.... un tel choix est prudent;
Aujourd'hui l'homme riche est seul indépendant.
A vous combler de biens je mettrai mon étude;
Vous ne vous plaindrez pas de mon ingratitude.

CLUCHET.

Je sais qu'en vous servant....

BAUDRICOUR, voyant entrer Victor et Dogard.

Voici nos deux amis.

Les précédents, VICTOR GRICHARD, DOGARD.

DUCROISY.

Chers collègues....

DOGARD.

Toujours vos disciples soumis.

DUCROISY.

Le peuple en vous nommant a rempli mon attente.
Et, dites-moi, Grichard : votre femme est contente
De vous voir Député?

VICTOR.

Vous devez concevoir

Quelle est sa joie.

DUCROISY.
Au bal la verrons-nous ce soir?

VICTOR, avec embarras.
Je ne le pense pas.... je crains.... elle se trouve
Un peu souffrante.

DUCROISY.
Bien! très-bien! je vous approuve.

VICTOR.
Mais....

DUCROISY.
Avec nous pourquoi dissimuler ainsi?

VICTOR.
Monsieur....

DUCROISY.
Nous aimons tous madame de Rancy;
Elle a le meilleur ton, elle est riche, elle est belle;
Chacun s'estime heureux d'être reçu chez elle;
Tout homme de bon goût recherche sa maison....
Mais une jeune femme!... oui, vous avez raison,
Ce n'est pas là sa place.

VICTOR.
Eh bien, oui, c'est la cause....

DUCROISY.
J'agirais comme vous. Mais parlons d'autre chose.
Sans doute vous sortez de la Chambre?

(Baudricour emmène Clochet au fond du théâtre, et lui communique le travail dont il s'occupait au commencement de la scène.)

DOGARD.
En effet;
La séance finit.

PARTIE III, SCÈNE I.

DUCROISY.

Eh bien, qu'avez vous fait
Ce matin ? Mille soins, que vous devez comprendre,
M'ont à cette séance empêché de me rendre.

DOGARD.

On a vérifié les pouvoirs.

DUCROISY.

Tous ?

DOGARD.

Oui, tous.

DUCROISY.

Sans opposition ?

VICTOR.

Oui.... mais rassurez-vous ;
Quand la majorité se trouve aussi nombreuse,
Elle peut sans danger se montrer généreuse.

DUCROISY.

Soit.

VICTOR.

La Chambre demain nomme son président.

DUCROISY.

Son président ?... demain ?... c'est juste. En attendant,
Nous allons vous donner ce soir un ministère.

DOGARD.

Enfin !

VICTOR.

Et qui sont ceux....

DUCROISY.

Je dois encor me taire ;
Le programme n'est pas tout à fait arrêté.

DOGARD.

Au moins ce sont des gens...?

DUCROISY.

Oh! sans capacité,
Sans caractère; aucun n'est pour nous redoutable,
Soyez-en sûrs. Ils vont, comme l'ours de la fable,
Tuer la monarchie en croyant la servir.
Mais la victoire, on peut encor nous la ravir !
Messieurs, point de faiblesse.

VICTOR.

Est-ce à nous...?

DUCROISY.

Je l'avoue,
Je crains un peu pour vous les douceurs de Capoue.
Vous voilà Députés! et vous allez avoir,
Sans nul de ses ennuis, tous les droits du pouvoir.
De vos prédécesseurs recueillant l'héritage,
Vous allez gouverner sans trouble et sans partage;
Les Ministres seront vos humbles serviteurs.
Ennemis dangereux, utiles protecteurs,
Qu'un Maire ou qu'un Préfet vous déplaise, vous choque,
Eût-il cent fois raison, d'abord on le révoque;
Vos désirs sont partout plus puissants que les lois;
Vous faites supprimer ou créer des emplois....
Que dis-je? sous son joug courbant chaque ministre,
La Chambre maintenant elle-même administre;
Il n'est point de détails qui ne lui soient soumis :
Les gages des huissiers, le nombre des commis,
Le temps qu'un employé doit à ses écritures;
Son contrôle s'étend aux moindres fournitures;

Tout est de son ressort, tout, elle met aux voix
Les rames de papier et les stères de bois.
Telle est votre puissance ; elle est vaste, elle est belle,
Et peut de nos projets détourner votre zèle.

VICTOR.

Vous ne le croyez pas ; nos cœurs vous sont connus.
Ce rang, où par vos soins nous sommes parvenus,
Nous l'avons recherché pour mieux servir la France.
Sans doute j'ai plus loin porté mon espérance,
J'ai de l'ambition, je ne m'en défends pas ;
Mais un pouvoir précaire a pour moi peu d'appas :
Et qu'attendre de plus dans une monarchie ?
Le chemin m'est ouvert, la barrière est franchie,
Désormais les honneurs sont rapprochés de moi,
La Chambre en m'adoptant peut m'imposer au Roi,
Je le sais. Mais ce Roi, qui supporte en silence
Qu'à ses convictions on fasse violence,
Est de tout son Conseil le secret ennemi ;
Et, s'il voyait le sceptre en sa main raffermi,
Répudiant des choix qui lui sont un outrage,
Notre perte bientôt deviendrait son ouvrage,
Il rendrait au néant tous les hommes nouveaux.
Non, point d'illusions, poursuivons nos travaux ;
Qu'à rapprocher le but chacun de nous s'applique :
Députés, nous voulons toujours la république ;
Le devoir, l'intérêt nous en font une loi.
Je persiste.... et Dogard doit penser comme moi.

DOGARD.

N'en doutez pas, monsieur, je suis toujours le même.

DUCROISY.

Pardonnez!... Vous savez tous deux si je vous aime;
Je craignais qu'éblouis du nom de Députés,
Certains de parvenir d'abord aux dignités....
J'avais tort, je le vois, et je vous rends justice.

DOGARD.

Mais, monsieur, à nos vœux tout semble être propice;
Pourquoi ne pas frapper enfin le dernier coup?

DUCROISY.

Le signal maintenant ne peut tarder beaucoup;
Mais il faut que ce soit la Chambre qui le donne.
Attendons quelques jours, la prudence l'ordonne:
Le nouveau Ministère aura son rôle aussi.

DOGARD.

Pour nous, nous sommes prêts.

UN DOMESTIQUE annonce.

Madame de Rancy.

VICTOR.

Nous vous quittons.

DUCROISY.

Restez, nous pouvons devant elle....

VICTOR.

Pardon, l'heure nous presse.

DUCROISY.

Eh! oui, je me rappelle,
Aujourd'hui vous avez un dîner chez Véfour.

DOGARD.

Et nous venions chercher Cluchet et Baudricour.

LES PRÉCÉDENTS, Mme DE RANCY.

Mme DE RANCY.
Je vous fais fuir, messieurs?
DOGARD.
Vous ne pouvez le croire.
VICTOR.
Nous sortions.
Mme DE RANCY.
Mais du moins ayez de la mémoire,
Et que ce soir....
CLUCHET.
Comptez sur notre empressement.
(Victor, Dogard, Baudricour et Cluchet sortent.)

DUCROISY, Mme DE RANCY.

Mme DE RANCY.
Ah çà! je viens vous dire un bonjour seulement,
Et de mes invités vous soumettre la liste.
DUCROISY.
Je m'en rapporte à vous.
Mme DE RANCY.
Non, souffrez que j'insiste.
Vous verrez si j'ai droit à vos remercîments,
Et si je suis fidèle à mes engagements.

DUCROISY.

Qui? vous? Quel dévouement est comparable au vôtre!
Nous marchons vers le but soutenus l'un par l'autre.
Si d'embellir vos jours je me fais un devoir,
Grâce à vous mes succès ont passé mon espoir.
Vous avez su d'abord comprendre ma pensée :
Vos salons sont ouverts à la foule empressée;
Et, quels que soient son rang et ses opinions,
Nul ne peut échapper à vos séductions.
Ainsi, venant en aide aux ressorts que j'emploie,
Vos grâces, votre esprit me préparent la voie;
Et tel, qui de la Cour fût demeuré l'appui,
Enveloppé par vous, me seconde aujourd'hui.
Ah! comptez à jamais sur ma reconnaissance.

Mme DE RANCY.

De faire plus encor que n'ai-je la puissance!
Votre tendre amitié prévient tous mes désirs;
C'est un enchaînement de fêtes, de plaisirs....
Que dis-je? du journal je suis presque maîtresse;
Et pour être loué c'est à moi qu'on s'adresse.
Cet empire me plaît et flatte mon orgueil.

DUCROISY, parcourant la liste des invitations.

Ah! vous avez aussi le général Bourdeuil?

Mme DE RANCY.

Blâmez-vous...?

DUCROISY.

    Loin de là! c'est me rendre service.

Mme DE RANCY.

A propos, on lui fait une horrible injustice :
Des maréchaux-de-camp, plus jeunes, plus nouveaux,

PARTIE III, SCÈNE I.

Viennent d'être nommés lieutenants-généraux ;
Lui, reste dans son grade.

DUCROISY.

Oui, j'en sais quelque chose,
Car de ce passe-droit moi seul je suis la cause.

Mme DE RANCY.

Vous ?

DUCROISY.

Moi. J'ai du crédit !... Mais ne me cachez rien,
Est-il bien mécontent ?

Mme DE RANCY.

Oh ! furieux.

DUCROISY.

Fort bien !
Comme je le voulais il ressent cet outrage.
Maintenant c'est à vous d'achever mon ouvrage.

Mme DE RANCY.

Comment cela ?

DUCROISY.

Bourdeuil est amoureux de vous.

Mme DE RANCY.

De moi ?

DUCROISY.

Très-amoureux. Bien plus ! d'être jaloux
J'aurais quelque sujet ; car, j'en ai l'assurance,
Vous ne le voyez pas avec indifférence.

Mme DE RANCY.

Moi, monsieur ?

DUCROISY.

Oui, vous-même.

Mme DE RANCY.

En vérité, voilà
Un reproche....

DUCROISY.

Un reproche? où voyez-vous cela?
Au contraire, je suis enchanté.

Mme DE RANCY.

Je vous prie,
Ne poussez pas plus loin cette plaisanterie.

DUCROISY.

Est-ce que, par hasard, vous voulez me tromper?...
Nous sommes trop adroits pour pouvoir nous duper;
Jouons loyalement. Écoutez, Émilie,
Rien ne m'est aussi cher que le nœud qui nous lie;
Vous-même, j'en suis sûr, vous m'aimez franchement :
C'est un besoin pour nous qu'un tel attachement ;
J'y vois mon intérêt, vous y trouvez le vôtre ;
Mais, au fait, nous n'avons d'amour ni l'un ni l'autre.
Vous servez mes desseins, je satisfais vos goûts,
Et la bonne amitié règne seule entre nous.

Mme DE RANCY.

C'est possible, en effet.

DUCROISY.

Rien n'est plus vrai, vous dis-je.
Pour moi, votre amitié c'est tout ce que j'exige.
Cependant je suis juste, et je comprends fort bien
Qu'à votre âge on désire un plus tendre lien.
Pour donner le bonheur le ciel vous a formée :
Remplissez vos destins, aimez, soyez aimée,
J'y consens.... Mais du moins que votre heureux vainqueur,

En s'unissant à nous, mérite votre cœur.
Pas de frivoles nœuds, d'attachement futile;
Il faut qu'à nos projets votre amour soit utile.
Bourdeuil, qui vous chérit, nous convient à tous deux;
L'affront dont il se plaint favorise nos vœux :
Flattez adroitement son amour, sa colère;
Obtenez qu'il se range au parti populaire....
Alors j'approuve tout, mes droits lui sont remis,
Et je reste pour vous le meilleur des amis.

Mme DE RANCY.

Quoi!.. vraiment?.. ce projet est d'une extravagance!..

DUCROISY.

Il vous plaît, n'est-ce pas? j'en étais sûr d'avance.
Ainsi c'est convenu : de mon consentement,
Bourdeuil peut, dès ce jour, devenir votre amant;
Pourvu qu'à notre exemple au peuple il se dévoue!...
Car je ne suis pas homme à souffrir qu'on me joue.
En un mot, que vos soins nous gagnent son appui,
Qu'il serve notre cause, ou rompez avec lui.

Mme DE RANCY.

Ce que vous demandez n'est pas chose facile;
Et je crains qu'à ma voix se montrant indocile....

DUCROISY.

Non, vous triompherez; l'amour est tout-puissant.
Et d'ailleurs, irrité d'un outrage récent,
Son orgueil au besoin vous prêterait des armes,
S'il ne suffisait pas du pouvoir de vos charmes.

Mme DE RANCY.

Mais....

DUCROISY.

Il faut que Bourdeuil se déclare pour nous ;
Il le faut, Émilie.... et je compte sur vous.

Mme DE RANCY.

Allons ! à vos désirs je dois donc me soumettre....
Je tenterai, c'est tout ce que je puis promettre.

DUCROISY.

Il suffit. Cet accord resserre nos liens,
Et bientôt vos succès vont assurer les miens.

TROISIÈME PARTIE.

SCÈNE II.

PERSONNAGES

DE LA SCÈNE DEUXIÈME.

DUCROISY,
MONTANCLOS,
DESROCHES,
MESNARD,
TORIGNY,
CANIVET,
WORMS,
LAROQUE,
MARLET,
SERMOISE,   } Députés.
HERVIEUX,
RABUSSEAU,
BORDIER,
POCCARD,
VILBICHOT,
MONTMARTIN,
DUFRESNOI,
TOPINEAU,
DAUBRAY,

La scène est chez M. Desroches.

TROISIÈME PARTIE.

SCÈNE II.

Chez M. Desroches.

Tous les personnages, excepté DUCROISY.

HERVIEUX.
Non, je ne ferai pas un pareil sacrifice;
Je veux l'Intérieur.

POCCARD.
Moi, je veux la Justice.

MONTANCLOS.
Moi, je veux quelque chose.

WORMS.
Et moi de même.

PLUSIEURS AUTRES.
Et moi.

DESROCHES.
Messieurs....

SERMOISE.
On nous exclut, je ne sais pas pourquoi.

DESROCHES.
Mais daignez m'écouter.

POCCARD.
C'est le seul Ministère
Qui me convienne.

DESROCHES.

Mais....

WORMS.

Je parle sans mystère :
Choisissez; il me faut une position,
Ou, dès demain, je fais de l'opposition.

DESROCHES.

Eh! comment, s'il vous plaît, contenter tout le monde?

DUFRESNOI.

C'est votre affaire.

DESROCHES.

Eh bien ! si nul ne me seconde,
Si l'intérêt chez tous est la première loi,
Je remets les pouvoirs que j'ai reçus du Roi.
Former un Cabinet me devient impossible!
S'en charge qui voudra.

MARLET, à Desroches.

Demeurez inflexible,
Et finissons.

WORMS, à Marlet.

Monsieur, doutez-vous de mes droits?

MARLET.

Non, certes.

SERMOISE, au même.

Mes talents sont bien connus, je crois?

MARLET.

Sans doute.

BORDIER, au même.

Autant que vous j'ai servi la patrie;
Mes écrits....

PARTIE III, SCÈNE II.

Les précédents, DUCROISY.

DUCROISY.

Eh! messieurs, qu'est-ce donc, je vous prie?
Des voisins effrayés vous troublez le repos.

DESROCHES.

Ah! mon cher Ducroisy, vous venez à propos!

DUCROISY.

Certes! crier ainsi n'est point parlementaire.

DESROCHES.

Chacun de ces messieurs exige un Ministère.

DUCROISY.

Vingt Ministres?

DESROCHES.

    Je fais des efforts superflus;
Aucun ne veut m'entendre.

DUCROISY.

     Ah! mes amis!

DESROCHES.

       Bien plus!
Ceux-là même qui sont portés sur notre liste,
Ne sont pas satisfaits! On réclame, on insiste;
Le poste qu'on n'a pas est jugé le meilleur :
Poccard veut la Justice, Hervieux l'Intérieur....
Enfin j'en perds la tête.

DUCROISY.

    Allons, mon cher Desroches,
Remettez-vous.

DESROCHES.

Comment! des plaintes, des reproches,
Quand j'apporte mes soins à me bien acquitter....

DUCROISY.

Nous serons tous d'accord avant de nous quitter,
Je l'espère. Messieurs, quel délire est le vôtre!
Quand il faut nous aider, nous soutenir l'un l'autre,
Je vous trouve luttant d'amour-propre et d'aigreur!
Ouvrez les yeux, voyez votre fatale erreur.
Le plus parfait accord, une union étroite,
Peuvent seuls déjouer les complots de la Droite;
La Cour a sur nos pas semé les trahisons,
Et nous sommes perdus si nous nous divisons.

RABUSSEAU.

C'est vrai!

DUCROISY.

Mais écartons ces présages sinistres.
Voyons : plusieurs encor veulent être Ministres?
Cela peut s'arranger : peut-être ils n'ont pas tort;
Un cabinet nombreux est en effet plus fort.
Au Conseil c'est trop peu d'avoir neuf mandataires;
Croyez-moi, dédoublons quatre ou cinq Ministères :
Alors plus de débats.

SERMOISE.

Voilà tout le secret.

WORMS.

Bien vu!

HERVIEUX.

Mais quels moyens...?

DUCROISY.

Par exemple, on pourrait
Des Cultes aisément séparer la Justice,
Et de l'Intérieur détacher la Police.

BORDIER.

Puis, au Commerce ôter l'Agriculture.

DUCROISY.

Encor.
Des Finances enfin enlever le Trésor;
Ou, comme aux temps jadis, en deux couper la Guerre.

DESROCHES, à Ducroisy.

Eh bien, qui nommez-vous?

DUCROISY.

Il ne m'appartient guère....

TOUS.

Si, si.

DESROCHES.

Nous l'exigeons.

DUCROISY.

Je prends donc au hasard....
Sermoise, Montmartin, Bordier, Worms et Mesnard.

RABUSSEAU.

Fort bien!

SERMOISE.

Un tel honneur comble notre espérance.

DUCROISY.

Vous allez travailler au bonheur de la France.

DUFRESNOI, montrant Daubray et Topineau.

Et nous autres, monsieur? nos titres sont égaux....

DUCROISY.

Vous autres?... vous serez Directeurs-généraux.

DUFRESNOI.

Mais....

DUCROISY.

En attendant mieux.

DUFRESNOI.

Je ne saurais vous taire....

DUCROISY.

Chacun doit à son tour passer au Ministère.
Vous ne sauriez manquer d'y parvenir tous trois :
Vous êtes Députés, donc vous avez des droits.
Un peu de patience.

MONTANCLOS.

Oui, tout vous favorise.
Moi seul je ne suis bon à rien, on me méprise....

DUCROISY.

Vous mépriser! qui? vous? l'homme supérieur
Qui fit pendant dix mois fleurir l'Intérieur?
Ah! combien vos talents pourraient nous être utiles!...
Mais ce serait au Roi nous montrer trop hostiles;
Vous savez contre vous comme il est prévenu.

MONTANCLOS.

Qu'importe?

DUCROISY.

Le moment n'est pas encor venu.

MONTANCLOS.

Cependant....

DUCROISY, bas à Montanclos.

Pouvons-nous, étant ce que nous sommes,

Siéger dans le Conseil avec de pareils hommes ?
Ce Ministère-là ne tiendra pas

MONTANCLOS, bas à Ducroisy.

Vraiment ?

DUCROISY, de même.

Vous choisirez alors votre département....
Vous nous présiderez.

MONTANCLOS, de même.

Moi ?

DUCROISY, de même.

Chacun vous désigne.

MONTANCLOS, haut.

Puisque vous l'exigez, allons ! je me résigne.

DUCROISY, s'approchant d'Hervieux et de Poccard.

Quant à nos deux amis, ils ont trop de raison
Pour vouloir déranger notre combinaison.

HERVIEUX.

L'Intérieur m'est dû ; c'est le poste que j'aime.

POCCARD.

La Justice est mon fait, j'en appelle à vous-même.

HERVIEUX.

Et l'on vient nous offrir....

DUCROISY, bas.

Bon ! acceptez toujours ;
Desroches et Marlet en ont pour quinze jours,
Tout au plus.

POCCARD, bas.

Vous croyez ?

DUCROISY, de même.

Dès qu'on va les connaître

Vous les remplacerez. Et, que sait-on? peut-être
L'un de vous deviendra Président du Conseil.

HERVIEUX, de même.

Je serais accablé sous un fardeau pareil.

POCCARD, de même.

Je n'ai pas les talents....

DUCROISY, de même.

Oh! c'est une autre affaire.

(Haut.)
Ainsi donc plus d'obstacle?

HERVIEUX.

Il faut vous satisfaire.

POCCARD.

Comment vous résister?

DUCROISY.

On se fâchait d'abord....
Eh bien, vous le voyez, nous voilà tous d'accord.
Rabusseau! servez-nous, mon cher, de secrétaire.

RABUSSEAU.

Volontiers.

DUCROISY, écrivant dans son agenda.

Complétons le nouveau Ministère.
Et puisque ces messieurs s'en rapportent à moi,
Aux cinq que j'ai nommés j'assigne leur emploi.

DESROCHES.

Bien! aux prétentions c'est fermer la barrière.

DUCROISY, donnant à Rabusseau ce qu'il vient d'écrire.

Tenez; mettez au net la liste tout entière.

RABUSSEAU.

Ce sera bientôt fait.

PARTIE III, SCÈNE II.

DUCROISY, bas à Rabusseau.

N'oubliez pas au moins
La promesse....

RABUSSEAU, bas à Ducroisy.

Oublier? comptez sur tous mes soins.
(Il va se mettre à une table, et il écrit.)

DUCROISY.

En attendant, messieurs, il faudrait, ce me semble,
Sur le programme encor nous concerter ensemble;
Et nous entendre bien sur les conditions
Auxquelles vous allez entrer en fonctions.
D'obstacles constamment la Cour nous environne,
Et l'on ne saurait trop affaiblir la Couronne.

WORMS.

C'est un devoir.

DUCROISY.

Aussi, messieurs, depuis longtemps,
Nous sommes convenus de deux points importants.
Et d'abord, de la Charte enfin doit disparaître
Cet article dix-huit, qui nous impose un maître :
Le Roi seul sanctionne et promulgue les lois.
La Chambre ne veut plus de limite à ses droits;
Et de sujétion elle garde une marque
Quand son vote est soumis au veto du Monarque.

SERMOISE.

Nous ne manquerons pas à nos engagements.

POCCARD.

Chacun sera fidèle à tenir ses serments.

DUCROISY.

Il est un autre objet, plus grave encor peut-être.

Présidant le Conseil, le Roi s'y rend le maître;
Il impose ses vœux et son opinion;
Sa présence est un joug; toute opposition,
Devant lui, par respect, s'affaiblit ou s'efface;
On ose rarement lui résister en face....
C'est souffrir trop longtemps un désordre pareil;
Et le Roi ne doit plus assister au Conseil.

     HERVIEUX.

Cette réforme est juste.

     MONTANCLOS.

       Elle est indispensable,
Je vous le certifie.

     WORMS.

      Il n'est pas responsable,
Il ne doit pas entrer au Conseil.

     SERMOISE.

        C'est cela.

     DESROCHES.

Mais se soumettra-t-il à ces réformes-là,
Messieurs?

     DUCROISY.

      Il le faut bien; son intérêt l'exige;
A des concessions la prudence l'oblige.
La résistance ici serait témérité;
Vous savez à quel point le peuple est irrité;
De l'amour, du respect il a rompu la chaîne;
Il n'attend qu'un prétexte à contenter sa haine....
Le Roi ne voudra pas faire couler le sang!
Oui, qu'il cède, il le faut, le péril est pressant....
Mais s'il ne se rend pas, s'il demeure inflexible,

PARTIE III, SCÈNE II.

Former un Ministère est alors impossible :
Nul de nous ne saurait accepter le pouvoir.

DESROCHES.

Envers vous, envers lui je ferai mon devoir.
Lorsque le peuple veut, en vain on lui résiste :
Le Roi consentira.

RABUSSEAU.

Messieurs, voici la liste.

PLUSIEURS.

Voyons.

POCCARD.

Vous, Ducroisy.

DUCROISY.

Soit. Donnez, Rabusseau.

(Il lit.)

Ministre de la Justice, Président du Conseil...............	M. Desroches, avocat et journaliste.
Ministre des Cultes............	M. Mesnard, avocat.
Ministre des Affaires étrangères.	M. Torigny, journaliste.
Ministre de la Guerre..........	M. Canivet, journaliste.
Ministre de l'Adm^n de la Guerre.	M. Worms, avocat.
Ministre de la Marine..........	M. Laroque, journaliste.
Ministre de l'Intérieur.........	M. Marlet, avocat.
Ministre de la Police...........	M. Sermoise, avocat.
Ministre des Travaux publics...	M. Hervieux, journaliste.
Ministre du Commerce.........	M. Rabusseau, avocat.
Ministre de l'Agriculture.......	M. Bordier, journaliste.
Ministre de l'Instruct. publique.	M. Poccard, avocat.
Ministre des Finances.........	M. Vilbichot, avocat.
Ministre du Trésor............	M. Montmartin, journaliste.

WORMS.

Excellents choix!

MONTANCLOS.

Parfaits! la presse et le barreau!

DUCROISY.

Des hommes de talent, et d'un beau caractère.

MONTANCLOS.

Sans contredit.

SERMOISE.

Avec un pareil Ministère,
Ma foi ! si le pays n'est pas bien gouverné !...

DUCROISY, bas à Rabusseau.

Voici le moment.

RABUSSEAU, bas à Ducroisy.

Oui ; j'avais tout combiné.

(Haut.)

Messieurs, ce Ministère aura tous les suffrages.
Mais, pour sauver la France et braver les orages,
Il nous manque cet homme influent, estimé,
Que l'on craint à la Cour, qui du peuple est aimé ;
Cet homme dont on sait la force et la puissance,
Dont Paris dans nos rangs va remarquer l'absence....
En un mot, Ducroisy.

DUCROISY.

Qui ? moi ? je suis confus....

DESROCHES.

J'ai fait de vains efforts pour vaincre ses refus.

DUCROISY.

Eh ! pouvais-je accepter ? Au Roi que je respecte
Ma franchise déplaît, ma personne est suspecte.
Pour être son Ministre, il faut lui convenir :
Ainsi que Montanclos je me dois abstenir.
De cet illustre ami je suivrai la fortune,
Et nous vous servirons tous deux à la tribune.

MONTANCLOS.
Oui, certes.
RABUSSEAU.
Quel dommage! un si grand citoyen!
DUCROISY.
Mon entrée au Conseil serait nuisible.
RABUSSEAU.
Eh bien!
Puisque du Cabinet Ducroisy n'est pas membre,
Je vote pour qu'il soit Président de la Chambre.
DESROCHES.
J'allais le proposer.
HERVIEUX.
Ce poste lui convient.
WORMS.
A lui seul en effet le fauteuil appartient.
POCCARD.
Il a plus que des droits, c'est l'homme nécessaire.
DUCROISY.
Mes amis, avec vous je dois être sincère :
L'honneur que vous m'offrez comblerait tous mes vœux.
Être utile au pays, voilà ce que je veux;
Et de vous présider si vous me jugez digne,
Si la Chambre m'appelle à cet honneur insigne....
SERMOISE.
Puisque nous disposons de la majorité,
Vous êtes Président.
DUCROISY.
Messieurs, en vérité....
DESROCHES.
Ne perdons pas de temps, tout est dit, ce me semble?

Je me rends chez le Roi.

HERVIEUX.

Quand pourrons-nous ensemble...?

DESROCHES.

De bonne heure demain je vous attends ici ;
Ne manquez pas.

POCCARD.

Fort bien! c'est convenu.

DUCROISY, bas à Rabusseau.

Merci.
Je n'oublîrai jamais....

RABUSSEAU, à Ducroisy.

Ah! c'est moi qui demeure
Votre obligé.

HERVIEUX.

Messieurs, à demain.

POCCARD.

De bonne heure.

HERVIEUX.

Je suis toujours exact.

POCCARD.

Aujourd'hui cependant....

SERMOISE.

Viens-tu, Worms ?

WORMS.

Oui. Salut à notre Président.

RABUSSEAU, à Ducroisy.

Ils sortent convaincus de votre modestie.

DUCROISY.

Président!... A présent j'ai gagné la partie.

TROISIÈME PARTIE.

SCÈNE III.

PERSONNAGES

DE LA SCÈNE TROISIÈME.

VINCENT GRICHARD.
VICTOIRE, sa Femme.
VICTOR GRICHARD.
CÉLINE, sa Femme.
M. PITOIS.

La scène est chez Vincent Grichard.

TROISIÈME PARTIE.

SCÈNE III.

Chez Vincent Grichard.

VINCENT GRICHARD, VICTOR GRICHARD, VICTOIRE, CÉLINE.

(On vient de déjeuner; la table est encore couverte. Les deux femmes travaillent; Vincent est en uniforme de garde national.)

VICTOIRE, à son mari.

Mon ami, la boutique est-elle bien fermée?

VINCENT.

Ne crains rien.

VICTOR.

Sans sujet vous êtes alarmée.

VICTOIRE.

Sans sujet?... On se bat peut-être dans Paris.

VICTOR.

Non, vous dis-je.

VICTOIRE.

Pourtant ce tumulte, ces cris....

VICTOR.

D'un pouvoir despotique ils annoncent la chute;
Mais n'appréhendez pas qu'il s'engage une lutte:
Non, ma sœur; tout se fait d'un commun mouvement,
Tout le monde est d'accord; et du gouvernement,

Sans brûler une amorce, on va changer la forme.

VICTOIRE.

Alors pourquoi Vincent prend-il son uniforme?

VINCENT.

Si j'entends le rappel, je veux être tout prêt.

VICTOIRE.

O ciel! aller te battre?

VINCENT.

Et quand cela serait!

VICTOIRE.

Qu'oses-tu dire?

VINCENT.

Aux jours de tumulte et d'alarmes,
Tous les bons citoyens doivent prendre les armes.
La cité nous réclame et pour elle et pour nous;
Chacun est protégé par le concours de tous:
Pour les défendre, il faut sortir de nos boutiques.
Je m'embarrasse peu des crises politiques;
Des artisans n'ont point affaire en ces débats:
Que pourrions-nous gagner à livrer des combats
Ou pour la république ou pour la monarchie?
Notre seule ennemie, à nous, c'est l'anarchie.
Oui, veiller au repos de nos concitoyens,
Protéger nos foyers, nos familles, nos biens,
Voilà ce qui nous touche et ce qui nous importe;
Sur tout autre intérêt cet intérêt l'emporte:
Que des ambitieux s'arrachent le pouvoir;
Nous, sauver la cité, voilà notre devoir.
Si le tambour m'appelle, aussitôt je vous laisse.

PARTIE III, SCÈNE III.

VICTOIRE.

Dans quel temps vivons-nous !

VINCENT.

Allons, pas de faiblesse.
Vois Céline.

VICTOR.

Oh! ma femme a du courage.

CÉLINE.

Moi?
Pas trop.... mais je m'efforce à me régler sur toi ;
A ta raison la mienne humblement se confie,
Et de ta fermeté mon cœur se fortifie.

VICTOR.

Sois tranquille, pour nous il n'est aucun danger.
Tout concourt à mes vœux, nos destins vont changer.
A la Chambre déjà je me suis fait connaître ;
Et quand pour le pays la liberté va naître,
Moi, soutenu, porté par de puissants amis,
Je m'élève aux honneurs qui m'ont été promis.
Chère Céline, enfin tu seras donc heureuse!

CÉLINE.

Je le suis, mon ami; ta bonté généreuse,
En serrant nos liens....

VICTOR.

Et je m'en fais honneur!

VINCENT.

Tant d'amour ne peut-il suffire à ton bonheur?
Ce rang que tu poursuis d'une ardeur téméraire
Desséchera ton cœur ; la vanité....

CÉLINE.

Mon frère!...

VINCENT.

Eh bien, soit, je me tais. Mais, mon pauvre Victor,
Peut-être que du but tu n'es pas près encor.
Ta future grandeur te sourit et t'occupe;
Et moi, vois-tu, je crains que tu ne sois la dupe
De ton cher Président, de ton idole.

VICTOR.

Quoi!
De Ducroisy?

VINCENT.

Lui-même. Il est plus fin que toi,
Et moins loyal surtout.

VICTOR.

Non, je ne puis le croire.
Vincent, je lui dois tout, ma fortune, ma gloire;
Il m'a tendu la main dans mon adversité;
C'est sa protection qui m'a fait Député;
Il m'a prouvé cent fois une amitié sincère.

VINCENT.

Peut-être à ses desseins étais-tu nécessaire.
C'est appuyé sur vous qu'il est monté si haut :
L'édifice élevé, l'on détruit l'échafaud.

VICTOR.

Il m'a comblé de biens, et ton cœur le soupçonne!...
On t'a trompé, Vincent.

(On entend sonner.)

VICTOIRE, à son mari.

Ah! mon ami, l'on sonne!

VINCENT.

Eh bien, il faut ouvrir.

VICTOIRE.

Qui peut...?

VINCENT.

Il est midi,
C'est le père Pitois; tu sais, chaque lundi
Il vient faire du grec avec moi.

CÉLINE.

C'est lui-même.

Les précédents, M. PITOIS.

PITOIS.

Quel peuple! quel pays! anathème! anathème!

VINCENT.

Eh! bon Dieu! qu'avez-vous?

CÉLINE.

D'où naît l'émotion...?

PITOIS.

Mes amis, tout Paris est en combustion.

VICTOIRE.

O ciel!

PITOIS.

De tous côtés, un bruit, une cohue!...
L'honnête homme qui passe, on l'insulte, on le hue;
Des groupes, par leurs chants, répandent la terreur;
C'est un désordre affreux! et, pour comble d'horreur,
Ils veulent proclamer, dit-on, la république!

VICTOR.

Eh bien ?

PITOIS.

Comment, eh bien ? Parbleu ! cela s'explique :
Nous sommes tous perdus.

VICTOR.

Où voyez-vous cela ?

PITOIS.

Mes enfants, croyez-moi, ce gouvernement-là,
C'est le sang, c'est la mort.

VICTOR.

Calmez-vous, mon cher maître.
Ce peuple généreux, pourquoi le méconnaître ?
N'est-il pas souverain ? Il use de ses droits
Quand il veut régner seul et supprimer les Rois.
La raison est en marche, et les Princes nous pèsent.

PITOIS.

Vous aussi !

VICTOR.

Cependant que vos frayeurs s'apaisent.
Seuls, les hommes de Cour, privés de leurs emplois,
Regretteront un maître, et maudiront nos lois.
Mais des proscriptions ? mais des excès coupables ?...
Jugez mieux les Français, ils en sont incapables.
Tout sera respecté, les personnes, les biens ;
La justice est au cœur de tous les citoyens :
N'en doutez pas, unis d'amour et d'espérance,
Ils ne forment qu'un vœu, le bonheur de la France.

PITOIS.

Un cœur pur peut-il donc s'égarer à ce point !

La république, ô ciel!... non, nous n'en voulons point.
Le sort de nos aïeux doit éclairer la Chambre;
Elle s'opposera.... mais vous en êtes membre !
Vous êtes Député !... mon ami, cher Victor,
Sauvez, sauvez le trône, il en est temps encor.
Rappelez du passé la triste expérience....

VICTOR.

Je ne saurais parler contre ma conscience :
Pour moi la république est le premier des biens.

PITOIS.

Ah! madame.... Vincent.... mes bons amis.... aux miens
Unissez vos efforts !

VINCENT.

           Que pourrions-nous lui dire ?

PITOIS.

Vous, Céline, sur lui vous avez tant d'empire!
Ah! parlez; il chérit vos vertus, vos appas,
Son cœur à votre voix ne résistera pas.
Du pays en vos mains vous tenez la fortune :
Priez, pressez Victor; qu'il monte à la tribune,
Qu'il combatte les vœux de ce peuple égaré,
Son triomphe est certain, et tout est réparé :
Oui, nous sommes sauvés s'il prend notre défense.
Victor!... je le connais, moi, depuis son enfance;
Mes soins, avec amour, se répandaient sur lui;
J'ai prédit les talents qu'il déploie aujourd'hui :
Il peut tout ce qu'il veut, émouvoir et convaincre!
L'erreur qui le séduit, c'est à vous de la vaincre;
A son aveuglement arrachez votre époux;
C'est nous sauver, vous dis-je, et lui-même avec nous.

CÉLINE.

Digne ami! vous savez combien je vous honore;
A mon tendre respect vous ajoutez encore.
Mais seconder vos vœux! en ai-je le pouvoir?
Le tenter, ce serait manquer à mon devoir.
Les femmes pour partage ont les soins domestiques;
Elles n'ont rien à voir aux débats politiques :
De si graves objets sont au-dessus de nous.
Quoi qu'il puisse arriver, je crois en mon époux :
Le diriger n'est pas un droit qui m'appartienne;
Sur sa conviction je dois former la mienne,
Et dans le grand débat qu'on agite aujourd'hui,
S'il se trompe, je veux me tromper avec lui.

VICTOR.

Chère Céline! oh! oui, toujours simple et modeste!
Si tu voulais, pourtant, mon cœur te le proteste,
De ton pouvoir sur moi tu pourrais abuser.
Mais vous, mon vieil ami, qu'osez-vous proposer?
Si mon opinion diffère de la vôtre,
Nous sommes cependant sincères l'un et l'autre :
A servir mon parti j'ai consacré mes jours....
Blâmez-moi, j'y consens, mais aimez-moi toujours.

PITOIS.

Sans doute je vous aime!... autant que je vous blâme.
Le repentir un jour viendra briser votre âme;
Alors....

VICTOR.

N'en parlons plus; le sort en est jeté.
Je me rends à mon poste en loyal Député;
Adieu. Le peuple en nous a mis son espérance :

PARTIE III, SCÈNE III.

Ce jour va décider du destin de la France.

VINCENT.

Je descends avec toi.

VICTOIRE, à son mari.

Ne reste pas longtemps.

VINCENT.

Cinq minutes.

(On entend battre le rappel.)

Silence!... écoutez!... oui, j'entends....
On bat le rappel.

VICTOIRE.

Dieu!

VINCENT.

Je cours à la Mairie.
Mon shako, mon fusil.

VICTOIRE.

Mon ami, je t'en prie....

VINCENT.

C'est pour maintenir l'ordre, il n'est aucun danger.

VICTOIRE.

Tu pourrais....

VINCENT.

Pas un mot!... c'est me désobliger.

VICTOIRE.

A rester seule ici je suis donc condamnée?

CÉLINE.

Non, ma sœur; avec vous je passe la journée,
Je ne vous quitte pas.

VICTOIRE.

Merci, ma bonne sœur.

PITOIS.

Un vieillard tel que moi n'est pas un défenseur,
Mesdames; cependant....

VINCENT.

Oui, restez avec elles.
Je reviendrai bientôt vous donner des nouvelles.

VICTOR.

Allons, viens-tu, Vincent?

VINCENT.

Voilà! je suis tes pas.
(En sortant.)
Surtout, monsieur Pitois, ne les effrayez pas.

TROISIÈME PARTIE.

SCÈNE IV.

PERSONNAGES

DE LA SCÈNE QUATRIÈME.

DUCROISY, Président de la Chambre,
LARIBAUDIÈRE.
DOGARD.
BAUDRICOUR.
CLUCHET.
LECOUVREUR.
BUSINEAU.
DUMÉNIL.
MOREL.
Un Huissier de la Chambre des Députés.

La scène est chez le Président de la Chambre.

TROISIÈME PARTIE.

SCÈNE IV.

Chez le Président de la Chambre des Députés.

DUCROISY, BAUDRICOUR.

(Ducroisy se promène avec agitation; Baudricour tient un journal.)

BAUDRICOUR.
Couturier nous a fait un bon article.

DUCROISY.
         Oui; mais
Qui ne nous sert à rien maintenant.

BAUDRICOUR.
         Oh! jamais
On ne prend trop de soin pour garder ses conquêtes.
Aujourd'hui cet article a monté bien des têtes.

DUCROISY.
C'est possible, en effet.

BAUDRICOUR.
    Sois-en persuadé.

DUCROISY.
Quelques heures encor, tout sera décidé!
A mon cœur, cher ami, rends un peu d'assurance.
Oui, passant tour à tour du doute à l'espérance,
Plus le moment approche, et plus je suis troublé.

####### BAUDRICOUR.

Est-ce toi que j'entends? ton courage ébranlé....
Mais non, je n'en crois rien. En cet instant suprême,
Sur tes impressions tu t'abuses toi-même.
Quand de tes longs efforts tu vas saisir le prix,
Ta joie impatiente agite tes esprits;
D'un triomphe assuré l'attente t'importune;
Mais craindre? mais douter de ta haute fortune?...
Non, de vaines frayeurs ne sauraient t'émouvoir:
La France entre tes mains va placer le pouvoir;
Tout est pour toi, le peuple, et la Chambre et l'armée.

####### DUCROISY.

J'ai tort; oui, sans sujet mon âme est alarmée,
J'en conviens; et pourtant....

####### BAUDRICOUR.

Tout succède à tes vœux;
Tu présides la Chambre, et peux ce que tu veux;
Chacun t'aime ou te craint; enfin il faut un homme
De talent, de génie, et c'est toi seul qu'on nomme.
Nos mesures d'avance assurent ton destin:
Ayons la République, et ton règne est certain.

####### DUCROISY.

Mon règne!... ah! ce seul mot me ranime et m'enflamme!

####### BAUDRICOUR.

D'abord la République; il faut qu'on la proclame.

####### DUCROISY.

C'est un plan convenu; la Chambre est du complot;
Et j'ai chargé Dogard d'attacher le grelot.

####### BAUDRICOUR.

Mais pourquoi pas Victor?

DUCROISY.

J'ai craint quelque imprudence.
Victor veut marcher seul, vise à l'indépendance :
Je prétends avant tout qu'on me serve à mon gré ;
Dogard, lui, ne dira que ce que je voudrai.

BAUDRICOUR.

En effet, de Victor la marche m'est suspecte.
Son orgueil confiant, la vertu qu'il affecte....

DUCROISY.

Il suffit : laissons là Grichard et son orgueil.

BAUDRICOUR.

Voici Cluchet.

Les précédents, CLUCHET.

DUCROISY.

Eh bien! le général Bourdeuil?...

CLUCHET.

Il vous répond de tout; les troupes sont gagnées.

DUCROISY.

Fort bien!

CLUCHET.

Dans leurs quartiers on les a consignées;
Mais, s'il en est besoin, sur un ordre de vous,
Elles viendront d'abord se réunir à nous.

DUCROISY.

Non ; du succès au peuple il faut laisser la gloire.
Les troupes paraîtront, mais après la victoire.

CLUCHET.

De la Chambre ce peuple occupant les abords,
Déjà fait retentir ses cris et ses transports.
Comptez sur lui. C'est peu que sa voix énergique
Redise, en menaçant : Vive la République !
Il attend, il arrête, il suit les Députés,
Pour leur signifier à tous ses volontés.

DUCROISY.

Et le peuple a raison : il est bon qu'on le craigne.
Mais le Roi ? Savez-vous ?...

CLUCHET.

     Il était à Compiègne ;
Il y doit être encor : Bourdeuil n'a rien appris.

DUCROISY.

Il a hâté sa perte en sortant de Paris.
Il n'y rentrera plus.

BAUDRICOUR.

    La France le repousse.

CLUCHET.

Vous allez triompher sans lutte et sans secousse.

DUCROISY.

Si la Chambre, du moins....

BAUDRICOUR.

     Sur la majorité
Tu peux t'en reposer avec sécurité.
D'ailleurs, de gens à nous j'ai garni les tribunes ;
Leurs voix étoufferont les clameurs importunes ;
Et j'ai pris, pour guider ce docile troupeau,
Lecouvreur, Duménil, Morel et Busineau.

DUCROISY.

Les as-tu bien instruits de ce qu'ils doivent faire?

BAUDRICOUR.

Sois sans inquiétude, ils savent leur affaire.
Cependant si tu veux toi-même leur parler,
Ils sont encore là, je vais les appeler.

(Il sort.)

DUCROISY ET CLUCHET.

CLUCHET.

Baudricour songe à tout ; ses soins, sa prévoyance....

DUCROISY.

Vous avez comme lui toute ma confiance ;
Comme lui vous n'avez d'intérêt que le mien,
Et votre dévoûment est comparable au sien.
Je ne fais entre vous aucune différence.

Les précédents, BAUDRICOUR, LECOUVREUR, BUSINEAU, DUMÉNIL et MOREL.

DUCROISY.

Eh bien! mes chers amis, notre persévérance,
Nos efforts, nos travaux, nos combats obstinés
Par le succès enfin vont être couronnés.
Ce matin même il faut que la Chambre s'explique ;
Il faut qu'elle décrète enfin la République.

LECOUVREUR.

Les retards aujourd'hui ne sont plus de saison.

BUSINEAU.

Le peuple sur ce point n'entendrait pas raison.

DUMÉNIL.

Lorsque la Nation veut être indépendante,
Malheur aux Députés dont la voix imprudente
Oserait s'opposer....

DUCROISY.

Non; au lieu de punir
Ces écarts indiscrets, il faut les prévenir :
On ne doit écraser que les gens qu'on redoute.
La Chambre presque entière est à nous; mais sans doute
Quelques esprits ardents, dévoués à la Cour,
Voudront prouver au Roi leur zèle et leur amour :
Eh bien! que, prévenant leur folle violence,
Vos interruptions les forcent au silence;
Du peuple empêchez-les d'exciter le courroux,
Et ne laissez parler que ceux qui sont pour nous.

LECOUVREUR.

Bien!

DUCROISY.

Songez, mes amis, que, dans cette séance,
Vous allez exercer une grande influence.
Les tribunes sont tout en un instant pareil;
Leur murmure est un ordre, ou du moins un conseil;
Et vos représentants craignant de vous déplaire,
Se garderont d'émettre un vote impopulaire.
Par des bravos bruyants, par des ordres précis,
Encouragez le faible, entraînez l'indécis;
Employez au besoin l'insulte et la menace,
Et des amis du trône intimidez l'audace....

Mais vous me comprenez, je n'ajouterai rien;
Vous savez votre rôle, et le remplirez bien.

BAUDRICOUR.

J'en réponds.

BUSINEAU.

Vous pouvez à nous vous en remettre.

DUMÉNIL.

Oui, vous serez content, j'ose vous le promettre.

LECOUVREUR.

Votre choix nous honore et flatte notre orgueil.

DUCROISY.

Ah çà! je vous préviens qu'une fois au fauteuil,
A remplir mon devoir jamais je ne balance;
Des tribunes j'exige un absolu silence;
Avec sévérité, je défends, je proscris
Les applaudissements, les rumeurs ou les cris:
L'impartialité me dirige et m'éclaire.
Ainsi préparez-vous d'avance à ma colère;
Vous verrez ma rigueur sur vous s'appesantir;
Je vous menacerai de vous faire sortir....
Mais avec fermeté tenez tête à l'orage,
Et, malgré mes efforts, poursuivez votre ouvrage.

BUSINEAU.

C'est cela! Baudricour nous l'avait déjà dit.

DUMÉNIL.

Vos menaces sur nous n'auront aucun crédit,
Monsieur le Président.

DUCROISY.

C'est ce que je désire.

LECOUVREUR.

Avez-vous quelque chose encore à nous prescrire?

DUCROISY.

Non.... A propos! (ceci n'est pas fort important,
Sans doute; mais je dois vous consulter pourtant).
Beaucoup de nos amis ont peur que l'anarchie
Ne fasse regretter bientôt la monarchie;
Et ces bons citoyens sont demeurés d'accord
Qu'un nouveau magistrat, temporaire, mais fort,
Sans égal en pouvoir, et d'ailleurs responsable,
Dans les premiers moments était indispensable;
Et, résolus entre eux à créer cet emploi,
Ils ont pour le remplir jeté les yeux sur moi.

LECOUVREUR.

Eh bien! vous acceptez?

DUCROISY.

Je dois être sincère:
Ils m'ont tant répété que j'étais nécessaire,
Qu'ils ont presque vaincu ma répugnance.

DUMÉNIL.

Ainsi
Vous voilà décidé?

DUCROISY.

Non.... je voudrais aussi
Que le peuple.....

BUSINEAU.

Le peuple est à vous, il vous aime.

DUCROISY.

Encor serait-il mieux qu'il me choisît lui-même....
Tenez, de ce projet, de cette mission,

PARTIE III, SCÈNE IV.

A la Chambre peut-être il sera question;
Eh bien! que le public se prononce et me nomme,
Alors....

DUMÉNIL.

C'est convenu.

LECOUVREUR.

Vous êtes le seul homme
Digne de ce haut rang.

BUSINEAU.

Enfin votre devoir,
Monsieur, est d'accepter.

DUCROISY.

Plus j'aurai de pouvoir,
Et plus de vous servir il me sera facile.

LECOUVREUR.

Oh! nous vous connaissons!

DUMÉNIL.

A vos ordres docile,
J'ose espérer....

BAUDRICOUR.

Messieurs, c'est assez discourir;
Songez que la séance à l'instant va s'ouvrir.

DUMÉNIL.

A nos places! partons!

LECOUVREUR.

Allons servir la France.

DUCROISY.

Vous m'avez bien compris?

BUSINEAU.

Ayez-en l'assurance.

Adieu; nous sommes tous zélés, intelligents;
Nous allons comme il faut endoctriner nos gens.

~~~~~~

DUCROISY, BAUDRICOUR, CLUCHET,
puis DOGARD et LARIBAUDIÈRE.

BAUDRICOUR.

Ils te sont dévoués autant qu'à notre cause.

DUCROISY.

Aussi pour chacun d'eux je ferai quelque chose :
A mon gouvernement je les veux attacher.
(A Laribaudière et à Dogard qui entrent.)
Ah! c'est vous, mes amis?

LARIBAUDIÈRE.

Nous venons vous chercher.
L'heure approche.

DUCROISY.

En effet. Allons, messieurs, courage.

LARIBAUDIÈRE.

Nous entrerons au port sans rencontrer d'orage.

BAUDRICOUR.

La volonté du peuple est un puissant secours.

DUCROISY.

Çà, Dogard, vous avez revu votre discours ?
Vous avez adouci....

DOGARD.

Trois ou quatre passages.

DUCROISY.

Bien. C'est aux forts surtout qu'il convient d'être sages.
Moins on est violent, plus on produit d'effet.

PARTIE III, SCÈNE IV.

DOGARD.

J'ai suivi vos conseils, vous serez satisfait.

DUCROISY.

Maintenant du destin que l'arrêt s'accomplisse !

CLUCHET.

Ainsi, Dogard, c'est toi qui vas ouvrir la lice ?

DOGARD.

Oui, mon ami.

CLUCHET.

Ma foi ! je te fais compliment :
Tu donnes le signal d'un grand événement ;
Tu rends ton nom célèbre ; il vivra dans l'histoire.

DOGARD.

Comme les vôtres.

BAUDRICOUR.

Non ; à vous toute la gloire !

DUCROISY.

Et vous, Laribaudière, avez-vous préparé
La motion....

LARIBAUDIÈRE.

Parbleu !

DUCROISY.

Je vous avertirai
Quand il faudra....

LARIBAUDIÈRE.

Pourquoi ? n'ai-je pas ma réplique ?
Dès que la Chambre aura voté la République,
Je monte à la tribune.

DUCROISY.

Allons ! c'est convenu.
J'ai choisi le public, vous serez soutenu.

LARIBAUDIÈRE.

Tant mieux. Ah çà! voyons, quelle magistrature
Faudra-t-il proposer?

DUCROISY.

Eh! mais, la Dictature!

LARIBAUDIÈRE.

Soit. La France a subi des Rois, des Directeurs,
Des Consuls.... à présent ayons des Dictateurs.

DUCROISY.

Un Dictateur.

LARIBAUDIÈRE.

C'est juste! oui, la toute-puissance,
Un seul chef.

DUCROISY.

Vous savez quelle reconnaissance....

LARIBAUDIÈRE.

Nous en reparlerons.

DUCROISY.

Surtout soyez prudent.

LARIBAUDIÈRE.

Reposez-vous sur moi.

UN HUISSIER.

Monsieur le Président,
Il est une heure.

DUCROISY, prenant son chapeau et son portefeuille.

Allons! courage et confiance!

CLUCHET.

Que ce moment tardait à mon impatience!

DUCROISY.

Rendons-nous à la Chambre; et croyez, mes amis,
Que je ferai pour vous plus que je n'ai promis.

TROISIÈME PARTIE.

SCÈNE V.

PERSONNAGES

DE LA SCÈNE CINQUIÈME.

DUCROISY, Président de la Chambre.
DESROCHES, Président du Conseil.
DOGARD,
VICTOR GRICHARD, } Députés.
MONTANCLOS,
LARIBAUDIÈRE,
DUMÉNIL,
LECOUVREUR, } dans les Tribunes.
BUSINEAU,
LES MINISTRES.
DÉPUTÉS.
SPECTATEURS.
HUISSIERS.

La scène est à la Chambre des Députés.

TROISIÈME PARTIE.

SCÈNE V.

La Chambre des Députés.

La Chambre est dans une agitation extrême. Les Députés sont groupés devant la tribune et dans les couloirs, et se livrent à des conversations fort animées. Le Président est au fauteuil, les Ministres sont à leur banc, et un Secrétaire, à la tribune, achève de lire le procès-verbal. Les tribunes publiques sont garnies de nombreux spectateurs.

UN SECRÉTAIRE. (Il lit.)
« Et cette question demeurant réservée,
« A cinq heures un quart la séance est levée. »
(Il descend de la tribune.)

LE PRÉSIDENT.
Sur le procès-verbal point d'observations?

UN DÉPUTÉ.
On n'a rien entendu; les conversations,
Et....

LE PRÉSIDENT.
Le procès-verbal est adopté. La Chambre
Veut-elle....?

PLUSIEURS VOIX.
En place! Paix!

LE PRÉSIDENT.
J'invite chaque membre
A reprendre sa place.

DES VOIX.

A vos bancs!.... écoutez!....

Silence!

LE PRÉSIDENT.

Huissiers, priez Messieurs les Députés....

LES HUISSIERS.

A vos places, messieurs, s'il vous plaît.

LE PRÉSIDENT.

Ce tumulte....

UNE VOIX, des tribunes.

Commencez donc.

UN DÉPUTÉ.

Messieurs, le public nous insulte.

UN AUTRE.

Il a raison.

DES VOIX.

Paix donc! là-bas, dans le couloir.

D'AUTRES VOIX.

C'est scandaleux!... en place!... allez donc vous asseoir.

(Les Députés s'asseyent.)

DES VOIX.

Ah! c'est heureux!

LE PRÉSIDENT.

Messieurs....

UN DÉPUTÉ.

Non, attendez encore.

(Le calme se rétablit.)

LE PRÉSIDENT.

Messieurs, lorsqu'à grands cris le peuple vous implore,
Lorsqu'il accourt ici pour réclamer ses droits,

Enfin lorsque pour chefs il ne veut plus de Rois,
La Chambre, à ce spectacle attentive, attachée,
D'aucun autre intérêt ne peut être touchée;
Elle doit ajourner ses paisibles travaux,
Pour donner tous ses soins à des besoins nouveaux.
Oui, tels sont vos devoirs, vos vœux, votre espérance:
L'ordre du jour, messieurs, c'est de sauver la France.

DE TOUTES PARTS.

Oui! oui! bravo!

LE PRÉSIDENT.

Messieurs, vous êtes aujourd'hui
D'un peuple généreux le recours et l'appui.
De ce peuple la Chambre a la noble tutelle;
Elle peut se couvrir d'une gloire immortelle,
Faire bénir son nom chez nos derniers neveux.
Des citoyens français vous connaissez les vœux,
Prononcez; en vous seuls la puissance réside.
Surtout qu'à ces débats la liberté préside.
Si nous blâmons le peuple et son égarement,
Osons le déclarer, sans crainte, hautement;
Mais si les citoyens sont en effet victimes,
Si leurs ressentiments nous semblent légitimes,
Si nous voulons, comme eux, rendre à notre pays
Sa liberté perdue et ses droits envahis,
Alors de la réforme accomplissons l'ouvrage:
De notre opinion ayons tous le courage.

VOIX NOMBREUSES.

Bravo! bravo!

LE PRÉSIDENT.

Messieurs....

DES VOIX.

Écoutez! écoutez!

LE PRÉSIDENT.

La tribune est ouverte à tous les Députés.
Que la discussion nous guide et nous éclaire.
Les bienfaits de la Cour, la faveur populaire,
Messieurs, ne sont pour rien dans nos opinions;
Chacun ne cède ici qu'à ses convictions;
Tout vote, quel qu'il soit, est loyal et fidèle :
La Chambre écoutera, c'est un devoir pour elle.

VOIX NOMBREUSES.

Oui, c'est juste!... très-bien! très-bien!... c'est évident!

LE PRÉSIDENT.

Quelqu'un demande-t-il...?

DOGARD.

Monsieur le Président....

LE PRÉSIDENT.

Vous avez la parole.

DE TOUTES PARTS.

Écoutez!... paix!... silence!

DOGARD, à la tribune.

Messieurs, lorsque vers vous tout un peuple s'élance,
Lorsque vous confiant ses vœux et ses douleurs,
Il vient vous conjurer de finir ses malheurs,
Parmi nous, je l'espère, il n'est pas un seul membre
Qui veuille refuser, contester à la Chambre
Le droit de recourir aux plus puissants moyens
Pour fonder le bonheur de nos concitoyens.
Le peuple est souverain; sa volonté suprême
Peut donner, retirer, briser le diadème :

Et puisque, par son choix, vous le représentez,
Tous ses pouvoirs sur vous ont été transportés;
Vous êtes investis de sa toute-puissance.
Des besoins du pays vous avez connaissance;
Eh bien! ne consultez que votre loyauté :
Par un vote, étayer encor la royauté,
Ou rendre dans ce jour sa chute inévitable,
C'est votre droit, messieurs, un droit incontestable!...
Voyons donc quels devoirs nous avons à remplir,
Et quel gouvernement il convient d'établir.

Et d'abord, si sur vous le peuple s'en repose,
Sa volonté, messieurs, est pourtant quelque chose :
Il est las de la Charte, il lui faut du nouveau,
Il ne veut plus de Roi.

LES TRIBUNES, et une partie des Députés.

Non! non!... Bravo! bravo!

LE PRÉSIDENT, agitant sa sonnette.

Silence.

LES TRIBUNES.

A bas le Roi!

BUSINEAU.

La France le renie.

LE PRÉSIDENT.

Je rappelle au public....

LES TRIBUNES.

A bas la tyrannie!...
Vive la liberté!... vivent les bons Français!

LE PRÉSIDENT.

Je ne puis tolérer de semblables excès.

DES DÉPUTÉS.

Non! non!

LE PRÉSIDENT.

Si l'on ne met un terme à ce scandale,
Je vais faire à l'instant évacuer la salle.

VOIX NOMBREUSES.

Chut!... silence!... écoutez!...

DOGARD.

Il ne veut plus de Roi,
Je le répète encor, messieurs. Et, croyez-moi,
Ce ne sont plus ici des clameurs passagères,
Des émeutes d'un jour, des douleurs mensongères;
Non, un vrai désespoir guide vers vous ses pas,
Et ce peuple à présent ne reculera pas.
Voyez-le se presser autour de cette enceinte;
Il ennoblit encor sa cause auguste et sainte :
Point d'excès, de fureurs!... il garde avec fierté
Le calme de la force et de la volonté.
Que dis-je? c'est à vous, à vous seuls qu'il s'adresse;
De vous il veut tenir la fin de sa détresse;
Il vient, vous retraçant les maux qu'il a soufferts,
Pour que vous les brisiez, vous présenter ses fers.
Ah! rendons-lui justice à ce peuple admirable;
Prenons quelque pitié de son sort déplorable :
La royauté pour lui n'est qu'un joug détesté,
Eh bien! n'hésitons pas, brisons la royauté.

LES TRIBUNES, et quelques Députés.

Oui! oui! bravo!

UN DÉPUTÉ.

Paix donc, là-haut!

LE PRÉSIDENT.

Je recommande

Le silence.
LES HUISSIERS.
Silence!
DOGARD.
Et, je vous le demande,
Messieurs, qu'attendre encor sous le sceptre des Rois?
Comment respecte-t-on nos libertés, nos droits?
De nos cités en deuil la justice est bannie;
Jusque sur nos foyers pèse la tyrannie:
On épie avec soin nos travaux, nos loisirs;
L'œil de l'autorité nous suit dans nos plaisirs;
Le pouvoir a partout quelque secret complice;
On sent dans tout Paris une odeur de police!...
LES TRIBUNES, et une partie de la Chambre.
Oui! oui!... c'est vrai!.. bravo!... plus de mouchards! à bas!
LE PRÉSIDENT.
Silence donc, messieurs! respectez nos débats!
Ces interruptions choquent la bienséance,
Et je serai forcé de lever la séance.
DES DÉPUTÉS.
C'est indécent!
UN DÉPUTÉ.
Fort bien! monsieur le Président.
VOIX NOMBREUSES.
Chut!
DOGARD.
Tel est notre sort, messieurs. Mais cependant,
Si la France est chez elle avilie, insultée,
A l'étranger du moins est-elle respectée?
Occupons-nous encor le rang qui nous est dû?...

Vos yeux en se baissant m'ont déjà répondu!...
Il est trop vrai! partout la France est méprisée;
De l'Europe aujourd'hui nous sommes la risée;
Nos Princes, à l'honneur préférant le repos,
Ont devant l'Étranger, prosterné nos drapeaux,
Et, du peuple français enchaînant le courage,
Pour éviter la guerre ils supportent l'outrage.

VOIX NOMBREUSES.

C'est vrai! c'est vrai!

LE PRÉSIDENT.

Silence!

DOGARD.

Avant d'aller plus loin,
Messieurs, de m'excuser j'éprouve le besoin.
Je crains d'abuser....

VOIX NOMBREUSES.

Non!... poursuivez.

DOGARD.

Il m'en coûte
De fatiguer ainsi....

VOIX NOMBREUSES.

Parlez!... on vous écoute!...
C'est très-bien!

DOGARD.

Rassuré, messieurs, par vos bontés,
Je poursuis. Parmi nous il est des Députés
Qui, tout en gémissant de notre servitude,
Ont de la monarchie accepté l'habitude;
Et ces hommes de bien verraient avec effroi
Le peuple s'affranchir et déposer son Roi :

PARTIE III, SCÈNE V.

En eux la République a des amis sincères ;
Mais cependant les Rois leur semblent nécessaires ;
Dans leur opinion l'on ne peut s'en passer ;
C'est un pouvoir que rien ne saurait remplacer !...
Messieurs, ce sentiment ne peut être le vôtre.
Des Rois !... Mais franchement à quoi nous sert le nôtre ?
Que fait-il ? quels travaux lui voit-on accomplir ?
A-t-il quelque devoir, quelque tâche à remplir ?
Quel bien, quel avantage est-ce qu'il nous procure ?...
Messieurs, l'emploi de Roi n'est qu'une sinécure !
Le monarque aujourd'hui du Conseil est exclu ;
C'est sans lui, malgré lui, que tout est résolu ;
Vos lois, sous son *veto* trop longtemps enchaînées,
N'ont plus besoin par lui d'être sanctionnées....
Que fait-il donc, ce Roi ?... Vous allez le savoir :
Les gages qu'on lui donne, il les fait percevoir,
Chaque mois, au complet, exempts de retenues ;
Dans les beaux jours, il chasse, il passe des revues ;
Puis il a pour travail, quand viennent les hivers,
Le spectacle et le jeu, les bals et les concerts ;
D'une fête aussitôt une fête est suivie.
Voilà, messieurs, les soins qui pèsent sur sa vie ;
Voilà le bien qu'il fait, les services qu'il rend,
Les tourments qu'il se donne, et les peines qu'il prend ;
Enfin voilà comment il gagne son salaire !...
Et nous, pour un monarque oisif, impopulaire,
Inutile, égoïste en ses profusions,
Nous osons tous les ans voter des millions !...
Non, messieurs ; signalons notre législature ;
Délivrons-nous d'un Roi, machine à signature,

Qui, ne servant à rien, tâche à nous opprimer :
Cet employé nous gêne, il le faut supprimer.
Ainsi le peuple est libre, et la Chambre s'honore.

DE TOUTES PARTS.

Oui!... c'est cela!... bravo!

DOGARD.

Messieurs, un mot encore,
Et je finis.

DES VOIX.

Silence!... écoutez l'orateur!

DOGARD.

Je suis l'ami du peuple, et non pas son flatteur.
Mais quand il place en nous toute sa confiance,
Songez qu'il ne faut pas lasser sa patience ;
Que les ajournements, les hésitations
Ne pourraient qu'exciter, aigrir ses passions :
Il attend!... Il lui faut, en ce moment suprême,
Prompte justice... ou bien il se la fait lui-même!
Une fois en courroux rien ne le retient plus,
Et vos décrets tardifs deviendraient superflus :
Craignez de ses fureurs l'effroyable tempête....
Mais vous m'avez compris, c'est assez, je m'arrête.
Oui, vous saurez, messieurs, remplir votre devoir,
Et prévenir des maux que je n'ose prévoir.

DE TOUTES PARTS.

Très-bien.

DOGARD, montrant sa proposition rédigée par écrit.

Sur le bureau veut-on que je dépose...?

VOIX NOMBREUSES.

Lisez d'abord! lisez! oui!

DOGARD.

Messieurs, je propose
le décret que voici :

(Il lit.)

« La Chambre des Députés déclare que la Royauté est
« abolie, et que la France est constituée en République. »

(Il descend de la tribune, et reçoit les félicitations d'un grand nombre
de ses collègues.)

VOIX NOMBREUSES, de la salle et des tribunes.

Bravo! bravo, Dogard!
Vive la République!.... aux voix!.... oui! sans retard!....
Aux voix! aux voix!

LE PRÉSIDENT.

Messieurs....

UN DÉPUTÉ.

Tout débat est frivole.

LE PRÉSIDENT, avec force.

Un Ministre du Roi demande la parole.

VOIX NOMBREUSES.

Non! non! à bas!

LE PRÉSIDENT.

Messieurs, la justice, les lois
Ne nous permettent pas....

VOIX NOMBREUSES.

Non!.... la clôture!.... aux voix!

LE PRÉSIDENT.

Écoutez les raisons....

LECOUVREUR.

Nous n'en voulons aucunes.

DUMÉNIL.

Nous n'écouterons rien.

LE PRÉSIDENT.

Je rappelle aux tribunes
Que les Députés seuls doivent parler ici;
Qu'elles n'ont rien à voir en nos débats.

LES TRIBUNES.

Si! Si!

LE PRÉSIDENT.

Des tribunes, huissiers, faites sortir les hommes
Qui troublent par leurs cris....

DUMÉNIL.

Prenez garde! nous sommes
Delégués par le peuple.

LES TRIBUNES.

Oui! Oui!

DUMÉNIL.

Nous venons voir
Comment les Députés remplissent leur devoir.

LE PRÉSIDENT.

Ah! c'en est trop enfin!...

DUMÉNIL.

Vous voulez que je sorte?...
Vingt mille citoyens attendent à la porte,
Et je rentre avec eux si l'on me fait sortir.

UN GRAND NOMBRE DE DÉPUTÉS.

Restez! restez!

LE PRÉSIDENT.

La Chambre y veut bien consentir,
Restez donc; mais du moins à de nouveaux reproches....

LES TRIBUNES.

Non! non!

LE PRÉSIDENT.

Soit. La parole est à monsieur Desroches.

DES VOIX.

Chut! silence!

LE MINISTRE, à la tribune.

Messieurs, un Ministre du Roi
Doit braver la menace, et parler sans effroi.
Un discours factieux vient d'agiter la Chambre.
(Murmures.)
Mais avant de répondre à l'honorable membre,
Avant d'examiner, messieurs, parmi vos droits
Si vous avez celui de déposer les Rois;
Avant de réfuter ces coupables maximes
Provoquant des bravos ici presque unanimes;
Je dois vous déclarer qu'eussiez vous un mandat,
Des pouvoirs, pour changer la forme de l'État,
Vos votes seraient nuls!... Ici même outragée,
Par un peuple en démence au dehors assiégée,
La Chambre n'est pas libre!

VOIX, de la Chambre et des tribunes.

A l'ordre!... à l'ordre!... à bas!
Monsieur le Président....

LE PRÉSIDENT.

Paix! n'interrompez pas.
Je connais mon devoir.

LE MINISTRE.

J'en appelle à vous-mêmes :
Qui de vous, au milieu des cris et des blasphèmes,

Ne sent pas chanceler son courage et sa foi?
Les tribunes, messieurs, vous imposent la loi.

DE TOUTES PARTS.

Non! non!...à l'ordre!... à bas!...assez!... faites-le taire.

LE PRÉSIDENT, au Ministre.

Ce langage, monsieur, n'est point parlementaire,
Je vous en avertis.

LES MÊMES VOIX.

Bravo! bravo!

LE MINISTRE.

Je sais
Quel accueil....

LES MÊMES VOIX.

La clôture!... à bas!... assez! assez!
Oui!...

LE PRÉSIDENT.

J'invite la Chambre à garder le silence.

LE MINISTRE.

Messieurs, je m'attendais à cette violence :
Elle brise mon cœur, mais ne peut l'émouvoir;
Sans crainte, jusqu'au bout, je ferai mon devoir.
La Chambre n'est pas libre!.... une foule égarée,
Prête à tous les excès, en assiége l'entrée;
On vous intime un ordre, en exprimant un vœu;
Et qui? des gens perdus, des hommes sans aveu,
Ou quelques insensés que les méchants séduisent,
Servant de marchepied à ceux qui les conduisent.
Ce n'est pas là le peuple! et rien qu'à leur aspect,
Vous....

(Violents murmures.)

PARTIE III, SCÈNE V.

LE PRÉSIDENT, au Ministre.

Au peuple, monsieur, vous manquez de respect.
Je vous rappelle à l'ordre.

VOIX NOMBREUSES, de la Chambre et des tribunes.

Oui!... bien!... Il nous insulte!...
Bravo le Président!

LE MINISTRE.

Contre un pareil tumulte!...

LES MÊMES VOIX.

Assez! assez!

LE MINISTRE.

Du moins....

LES MÊMES VOIX.

Non!... la clôture!... aux voix!...
A bas!

LE MINISTRE.

Et c'est ainsi que vous faites les lois!

LES MÊMES VOIX.

A bas!

LE MINISTRE.

La vérité, messieurs, vous importune,
Vous l'étouffez!... eh bien! je quitte la tribune....

VOIX DIVERSES.

Ah!... c'est heureux!... enfin nous avons réussi!

LE MINISTRE.

La tribune et la Chambre.

VOIX NOMBREUSES.

A la bonne heure!

LE MINISTRE.

Ici
Mes collègues et moi n'avons plus rien à faire.

DES VOIX.

Partez donc.

LE MINISTRE.

Nous allons, messieurs, vous satisfaire;
Nous serions désormais déplacés en ce lieu;
Nous devons en sortir.

(Il descend de la tribune.)

VOIX DIVERSES.

Oui!... bon voyage!... adieu!

LE PRÉSIDENT, d'une voix forte.

Point d'insulte!

LE MINISTRE.

(Au Président.)   (A ses collègues.)

Oh! laissez!... Nous, quittons la partie.

LE PRÉSIDENT.

Huissiers, de ces messieurs protégez la sortie.

(Le Président du Conseil sort, accompagné de deux ou trois ministres;
les autres restent à leur banc.)

UN MINISTRE.

Nous restons, nous.

DE TOUTES PARTS.

Bravo!

(Bruyants applaudissements.)

LE PRÉSIDENT.

Monsieur de Montanclos
Demande la parole.

DE TOUTES PARTS, avec impatience.

Ah!

VICTOR.

Les débats sont clos;
Ne perdons pas de temps.

MONTANCLOS, à la tribune.

Souffrez que je m'explique.

LE PRÉSIDENT, à Montanclos.

Voulez-vous parler contre ou pour la République?

MONTANCLOS.

Moi? je viens appuyer la proposition.

VICTOR.

C'est inutile alors ; pas d'opposition;
Tout le monde est d'accord.

MONTANCLOS.

Un seul mot, je vous prie.
Quand nous aurons du joug affranchi la patrie,
Que ferons-nous du Roi? L'honorable Dogard
N'a rien proposé....

VOIX NOMBREUSES.

Non!... pas à présent!... plus tard!...
Laissez voter!

MONTANCLOS.

Messieurs, en cette conjoncture....

DE TOUS CÔTÉS.

Plus tard! plus tard!

LE PRÉSIDENT.

On a demandé la clôture;
Les débats sont fermés.

(Montanclos descend de la tribune.)

Vous savez quel décret,
Messieurs, on vous propose. Est-ce au scrutin secret
Que la Chambre...?

DE TOUTES PARTS.

Non! non!

DUMÉNIL.

Le peuple veut connaître
Quels sont ses ennemis.

DES VOIX.

Oui! très-bien!

LE PRÉSIDENT.

Mais peut-être
Quelques membres....

VOIX NOMBREUSES.

Non! non!

UNE VOIX.

Se cacher, c'est trahir.

LE PRÉSIDENT.

C'est le vœu général, je lui dois obéir.
Je vais donc mettre aux voix.

DE TOUTES PARTS.

Bravo! point de mystères.

LE PRÉSIDENT.

Silence! Attention, messieurs les secrétaires;
Aux réclamations ne donnons point sujet.

(Les secrétaires vont se placer à la tribune.)

LE PRÉSIDENT, au milieu du plus profond silence.

Que ceux qui sont d'avis d'adopter le projet
Veuillent bien se lever.

(Tous les Députés se lèvent; quelques-uns après un mouvement d'hésitation et de crainte.)

Ceux d'un avis contraire....

DE TOUTES PARTS.

Personne!.. aucun! aucun!.. bravo!.. pas de faux frère!..
Unanimes!...

PARTIE III, SCÈNE V.

LE PRÉSIDENT.

En place!

DE TOUTES PARTS.

Écoutez! écoutez!

LE PRÉSIDENT, debout, ainsi que toute la Chambre.

« Au nom du Peuple français, la Chambre des Députés
« déclare que la Royauté est abolie, et que la France est
« constituée en République. »

(Acclamations générales. La plupart des personnes placées dans les tribunes descendent dans l'enceinte et se mêlent aux Députés. On s'embrasse, on se félicite, etc.)

DE TOUTES PARTS.

Oui! oui!... bravo! bravo!... vivent les Députés!...
Vive la République!.. oui!.. tous!.. la Chambre entière!..

LE PRÉSIDENT, agitant sa sonnette.

Silence.

DE TOUTES PARTS.

Tous d'accord!

LE PRÉSIDENT.

Monsieur Laribaudière
A la parole.

DES VOIX, avec impatience.

Encor?

LARIBAUDIÈRE, à la tribune.

Sur un point important,
Qu'il vous faut décider, et sans perdre un instant.
Aux plus graves dangers tout retard nous expose.

DES VOIX.

Parlez! parlez!

LARIBAUDIÈRE.

Messieurs, ce que je vous propose,

C'est d'achever votre œuvre et de la compléter.
La loi, qu'avec transport vous venez de voter,
Brise une monarchie à bon droit méprisée :
La Chambre dans ce jour s'est immortalisée !
Mais ce pouvoir fatal, qu'elle a dû renverser,
Par quelque autre pouvoir il le faut remplacer;
Ou bien, la nation, par vos soins affranchie,
Va, sans règle et sans frein, tomber dans l'anarchie.
Messieurs, donnons au peuple un guide, un protecteur:
Remettons la puissance aux mains d'un Dictateur.

DES VOIX.

C'est cela!

LARIBAUDIÈRE.

Cet emploi ne sera pas facile;
Et vous sentez, messieurs, qu'un homme ferme, habile,
Un patriote pur doit seul être choisi.
A qui donc confier?...

UNE VOIX.

A monsieur Ducroisy.

DE TOUTES PARTS.

Oui! notre Président! oui!

LE PRÉSIDENT.

Moi, messieurs?

LES MÊMES VOIX.

Vous-même.

LE PRÉSIDENT.

Permettez....

DE TOUTES PARTS.

Non! vous seul!

LE PRÉSIDENT.

    Mais cet honneur extrême....

DOGARD.

Cet honneur vous est dû, vous l'avez mérité ;
Et la Chambre vous nomme à l'unanimité.

DE TOUTES PARTS.

Oui! oui!

LE PRÉSIDENT.

  Je suis touché de tant de confiance;
Mais je ne puis céder à votre impatience.

VOIX NOMBREUSES.

Ah!...

LE PRÉSIDENT.

 Messieurs, plus de calme et moins d'empressement.
Ce n'est pas par surprise ou par entraînement
Que l'on doit conférer la suprême puissance.
Souffrez que je suspende un moment la séance.
Vous pourrez cependant méditer votre choix;
Puis, chacun librement viendra donner sa voix.

UN DÉPUTÉ.

A quoi bon ce retard?

UN AUTRE.

   Une heure de perdue!

LE PRÉSIDENT.

La séance un instant, messieurs, est suspendue.

FIN DE LA TROISIÈME PARTIE.

L'AN

DIX-NEUF CENT VINGT-HUIT.

QUATRIÈME PARTIE.

SCÈNE I.

PERSONNAGES

DE LA SCÈNE PREMIÈRE.

VICTOR GRICHARD.
DOGARD.
DUMÉNIL.
Ouvriers et Revendeurs des deux sexes.
Soldats.
Prisonniers.
Gendarmes.

La scène est sur une place publique.

L'AN
DIX-NEUF CENT VINGT-HUIT.

QUATRIÈME PARTIE.
SCÈNE PREMIÈRE.
Une place publique.

DUMÉNIL, Ouvriers et Revendeurs des deux sexes.

(Le peuple est groupé devant la porte d'un boulanger où l'on vient d'afficher la taxe du pain.)

VOIX NOMBREUSES.

Vive le Dictateur! vive le Dictateur!

UNE VOIX.

Il pense au peuple, lui!

UNE AUTRE.

C'est notre bienfaiteur!

UNE FEMME, sortant de sa boutique.

Pourquoi donc tous ces cris?

UNE AUTRE FEMME.

Ils sont bien légitimes.

LA PREMIÈRE.

Mais encor?

LA SECONDE.

Nous avons le pain à vingt centimes.

LA PREMIÈRE.

Le kilo?

LA SECONDE.

Le kilo.

LA PREMIÈRE.

Bah! vrai?

LA SECONDE.

C'est affiché;
Voyez.

LA PREMIÈRE.

Il n'a jamais été si bon marché.

DUMÉNIL.

Oui, sous la monarchie il nous coûtait le double.

LA SECONDE.

Pour le moins.

DUMÉNIL.

Grâce aux gens qui pêchaient en eau trouble,
A ces accapareurs sans pudeur et sans foi.

UN OUVRIER.

Des accapareurs?

DUMÉNIL.

Oui. De la Cour et du Roi
Ils achetaient l'appui par quelques sacrifices;
Ils donnaient une part dans tous les bénéfices;
Aussi, bravant le peuple, objet de leur mépris,
Sans contrôle, des grains eux seuls fixaient le prix:
Point de compassion pour la classe souffrante;
Ce qui valait vingt francs, ils le vendaient quarante,

Et la Cour partageait les profits avec eux.
UNE VOIX.
Quelle horreur!
UNE AUTRE.
Quoi! vraiment?
DUMÉNIL.
Le fait n'est plus douteux.
D'ailleurs, en comparant, tout aisément s'explique :
Depuis dix jours à peine on est en république,
Et le pain diminue!
UNE VOIX.
Oh! de plus de moitié!
DUMÉNIL.
Donc, le Roi de vos maux n'avait nulle pitié;
Et, pour se procurer des gains illégitimes,
D'un infâme trafic il vous rendait victimes.
DES VOIX.
C'est évident.
DUMÉNIL.
Enfin nous allons être heureux;
Plus de Rois!
VOIX NOMBREUSES.
Non, jamais!
UNE VOIX.
Tout est fini pour eux.
DUMÉNIL.
Dans un gouffre de maux ils entraînaient la France.
La république était notre seule espérance;
Nous l'avons obtenue, il faut la conserver.

UNE VOIX.

Nul effort maintenant ne peut nous l'enlever.

UNE AUTRE.

Et notre Dictateur, quel trésor !

UNE FEMME.

Le brave homme !

DUMÉNIL.

Il fait tout pour le peuple; il est juste, économe,
Humain; notre bonheur l'occupe constamment.

UN OUVRIER.

Il peut compter aussi sur notre dévoûment.

UN AUTRE.

Nous lui devons amour, respect, obéissance.

UN AUTRE.

Malheur à qui voudrait attaquer sa puissance.

Les précédents, UN CRIEUR PUBLIC.

LE CRIEUR.

« Voilà le superbe décret de la Chambre des Députés,
« qui confie tous les pouvoirs au citoyen Dictateur, pour
« qu'il veille au salut de la République. A un sou. »

DES VOIX.

Hé ! par ici.

LE CRIEUR.

Voilà ! voilà !... c'est du nouveau,
Ça vient de paraître.

D'AUTRES VOIX, appelant le crieur.

Hé !

PARTIE IV, SCÈNE I.

DUMÉNIL.

Tous les pouvoirs! bravo!
Plus d'obstacle à présent au bien qu'il veut nous faire.

UN OUVRIER, après avoir lu.

C'est vrai! c'est imprimé : la Chambre lui confère
Tous les pouvoirs.

DUMÉNIL.

Oui, tous.

UN OUVRIER.

Je ne comprends pas bien.
Vous, monsieur Duménil....

DUMÉNIL.

Dites donc citoyen;
Monsieur est une insulte.

L'OUVRIER.

Ah! pardon! l'habitude....

DUMÉNIL.

Répudions ce mot, il sent la servitude.
Voyons, que disiez-vous?

L'OUVRIER.

Nous voudrions savoir
A quoi bon ce décret, et quel nouveau pouvoir
Il donne au Dictateur?

DUMÉNIL.

Je vais vous en instruire;
Vous allez voir quels biens cet acte doit produire.
Notre bon Ducroisy, que vous chérissez tous,
Quoiqu'il soit Dictateur, pouvait bien peu pour vous;
A chaque instant les lois, dont il était esclave,
A ses meilleurs desseins apportaient quelque entrave.

Ce décret l'affranchit; sans obstacle, aujourd'hui,
Il peut vous prodiguer ses soins et son appui;
Il peut, débarrassé de formes importunes,
N'écouter que son cœur, tarir vos infortunes,
Nous assurer à tous l'aisance et le repos,
Supprimer, ou du moins alléger les impôts....

DES VOIX.

Très-bien!

DUMÉNIL.

Il peut enfin faire arrêter les traîtres,
Les mauvais citoyens qui, regrettant des maîtres,
Et du peuple français trompant la loyauté,
Voudraient nous imposer encor la royauté.
Voilà par ce décret ce que l'on doit entendre.

TOUS.

Bien! bravo!

DUMÉNIL.

Les effets ne se font pas attendre :
Il est rendu d'hier, et déjà vous avez
Le pain à moitié prix.

DES VOIX.

C'est vrai.

DUMÉNIL.

Vous le devez
A Ducroisy lui seul; nuit et jour il s'applique....

DES VOIX, derrière la scène.

Vive le Dictateur! vive la République!

PARTIE IV, SCÈNE I.

LES PRÉCÉDENTS, DES SOLDATS qui se mêlent bientôt parmi le peuple.

UN OUVRIER.

Ce sont des soldats.

DUMÉNIL.

Oui, passablement en train.

UN CAPORAL.

Les bourgeois.... les amis.... allons, pas de chagrin !
Vive le Dictateur !

DUMÉNIL.

Nous pensons tous de même.

LE PEUPLE et DUMÉNIL.

Vive le Dictateur !

LE CAPORAL.

C'est ça !

UN OUVRIER.

Le peuple l'aime.

LE CAPORAL.

Le militaire aussi.

UNE FEMME.

C'est un père pour nous.

LE CAPORAL.

Ah ! nous devons crier encor plus fort que vous.

DUMÉNIL.

Pourquoi donc ?

LE CAPORAL.

A l'armée il a rendu justice ;

Aussi nous nous ferions hacher pour son service.

DUMÉNIL.

Fort bien! mais expliquez....

LE CAPORAL.

Dans chaque régiment
Des médailles d'honneur et de l'avancement!
Me voilà caporal! et tous les camarades
Ont une haute paye, en attendant des grades.

DUMÉNIL.

Cela vous était dû.

LE CAPORAL.

N'importe, c'est flatteur.

DUMÉNIL.

Assurément.

LE CAPORAL.

Aussi, vive le Dictateur!

DES VOIX.

Oui, qu'il vive longtemps!

D'AUTRES.

C'est le vœu de la France.

UN OUVRIER, aux soldats.

Ses bienfaits ont déjà passé notre espérance.

UNE FEMME, aux mêmes.

Il a fait aujourd'hui baisser le prix du pain!

(On entend un roulement de tambour.)

DES VOIX.

Le tambour!

D'AUTRES VOIX.

Qu'est-ce donc?

Les précédents, UN TAMBOUR de la ville.

LE CAPORAL, au tambour.

Avance ici, tapin.

LE TAMBOUR, après avoir battu un ban, lit la proclamation suivante.

« Au nom du citoyen Dictateur, tous les ouvriers sans
« travail sont invités à se présenter à la mairie de leur ar-
« rondissement, où il leur sera donné de l'ouvrage : les jour-
« nées seront payées 3, 4 et 5 francs, selon la force et l'ha-
« bileté des ouvriers. »

DE TOUTES PARTS.

Bravo! bravo! vivat!

DUMÉNIL.

Nouveau bienfait encore!

UN OUVRIER.

Il pense à tout!

UNE FEMME.

Quel homme!

UNE AUTRE FEMME.

Il veut donc qu'on l'adore!

DUMÉNIL.

Eh bien! voilà l'emploi qu'il fait de son pouvoir!

UN OUVRIER.

L'honorer, le chérir est pour nous un devoir.

TOUS.

Oui! oui!

DUMÉNIL.

Que de vertus! quel noble caractère!

LE CAPORAL.

Il soigne le bourgeois comme le militaire;
Il a raison : ainsi tout le monde est content.

DUMÉNIL.

Jamais les Rois pour nous n'en auraient fait autant.

UNE VOIX.

Ça, c'est bien vrai!

DUMÉNIL.

Du peuple ils méprisaient les larmes.
(On entend un grand bruit derrière la scène.)

DES VOIX.

Quels cris!

UN OUVRIER.

Et comme on court!

UN SECOND OUVRIER.

J'aperçois des gendarmes.

UN TROISIÈME OUVRIER.

Peut-être des voleurs que l'on vient d'arrêter.

LE PREMIER.

C'est probable.

LE SECOND.

Allons voir.

LE TROISIÈME.

Pourquoi tant nous hâter?
Ils viennent par ici.

LE PREMIER.

Juste! on nous les amène.

LE SECOND.

C'est vrai; restons.

LE TROISIÈME.

Ils sont au moins une douzaine.

LE PREMIER.

Ils marchent d'un pas ferme, et sans être abattus.

LE SECOND.

Des voleurs, ça? du tout; ils sont trop bien vêtus.

LE TROISIÈME.

Cela ne prouve rien; crois-tu qu'il leur en coûte....

LE PREMIER, à un ouvrier qui entre.

Hé! Batanchon, sais-tu ce que c'est?

BATANCHON.

Oui, sans doute.

LE PREMIER.

Quoi?

BATANCHON.

Des conspirateurs que l'on mène en prison.

LE PREMIER.

Bah! vraiment?

BATANCHON.

Oh! bien sûr.

LE SECOND, au troisième.

Tu vois, j'avais raison.

BATANCHON.

C'est un municipal qui vient de me l'apprendre.

LE PREMIER.

Conte-nous ça.

BATANCHON.

C'était un complot pour surprendre
Le Dictateur, la Chambre, et les égorger tous.

DES VOIX.

O ciel!

D'AUTRES VOIX.

Le Dictateur!

UNE FEMME.

C'en était fait de nous!

BATANCHON.

Et lorsque de Paris ils auraient été maîtres....

DES VOIX.

Les voici!

(Les prisonniers traversent le théâtre, escortés par des gendarmes qui font reculer la foule.)

UN GENDARME.

Place! place!

VOIX NOMBREUSES.

A bas! à bas les traîtres!

D'AUTRES VOIX.

Qu'on fasse leur procès!

D'AUTRES VOIX.

Ils l'ont bien mérité!

TOUS.

En prison! en prison!... Vive la liberté!

(Le peuple suit, en poussant des cris, les prisonniers que l'on emmène.)

VICTOR GRICHARD, DOGARD.

(Ils sont en scène déjà depuis quelques instants.)

VICTOR.

Eh bien?

DOGARD.

Oui, c'est affreux!

PARTIE IV, SCÈNE I.

VICTOR.

Ducroisy se déclare,
Tu le vois; et ce peuple imbécile et barbare,
Se faisant un bonheur des maux qu'il voit souffrir,
Insulte aux malheureux qu'il devrait secourir!

DOGARD.

Le peuple? à nos leçons il se montre docile.

VICTOR.

Hélas! il est trop vrai! l'égarer est facile;
Nous sommes de ses torts plus coupables que lui :
C'est nous qui l'avons fait ce qu'il est aujourd'hui!
Quel souvenir, Dogard!

DOGARD.

Il n'a rien qui m'accuse;
Dans ma conviction je trouve mon excuse.
J'ai cru la république utile à mon pays,
Et je le crois encor; si mes vœux sont trahis,
Ou si quelques excès, contre notre espérance,
Retardent plus ou moins les beaux jours de la France,
Ces malheurs, est-ce à nous qu'il les faut imputer?
De tout notre passé rien n'est à regretter :
Ta conduite et la mienne ont mérité l'estime.

VICTOR.

Et notre ambition?

DOGARD.

Elle était légitime.

VICTOR.

J'en doute maintenant!

DOGARD.

Quoi! nos soins, nos efforts....

VICTOR.

Oui, tout ce que je vois éveille mes remords.

DOGARD.

Victor!

VICTOR.

Le voile tombe, il faut être sincères.
En nous montrant des Rois les fougueux adversaires,
Notre amour du pays, si j'en crois mes regrets,
Servit souvent de voile à d'autres intérêts;
Et, sans la vanité, l'envie et l'égoïsme,
Peut-être aurions-nous eu moins de patriotisme.

DOGARD.

Je ne te comprends plus; ces étranges discours....

VICTOR.

C'est trop à Ducroisy prêter notre concours.
Faisons voir que du moins quelque vertu nous reste;
Séparons-nous enfin de cet homme funeste.

DOGARD.

Que dis-tu?

VICTOR.

Ducroisy!... qui l'aurait pu prévoir!
Sans crainte, je l'ai vu s'emparer du pouvoir;
J'en tirais pour la France un fortuné présage;
J'étais persuadé qu'il n'en ferait usage
Que pour mieux affermir, avec la liberté,
Les lois de la justice et de l'humanité!...
Il nous abusait tous!... A peine il se sent maître,
Il lui faut des prisons, des échafauds peut-être;
Et les proscriptions, en ce fatal moment,
Deviennent le signal de son avénement!

Et nous le souffrirons? à tant de violence
Nous prêterions l'appui d'un coupable silence?
Non, Dogard; par l'honneur nos devoirs sont dictés;
S'il s'est fait Dictateur, nous sommes Députés;
A notre voix encor la tribune est ouverte.

DOGARD.

La tribune? grand Dieu! c'est courir à ta perte.
Tu le vois, tout se tait, tout tremble à ses genoux.

VICTOR.

Qu'importe? un tel exemple est-il donc fait pour nous?
Ah! songe que des Rois la chute est notre ouvrage.
Quoi! dans nos cœurs alors nous trouvions du courage
Pour acquérir des biens, des dignités, un rang,
Et nous n'en aurions plus pour combattre un tyran?
Non; la Chambre entendra nos plaintes légitimes:
Allons au Dictateur arracher ses victimes.

DOGARD.

Vain espoir! Sans atteindre à ce but désiré,
Nous nous perdrons tous deux.

VICTOR.

      C'est moi qui parlerai.

DOGARD.

Ah! ne suppose pas qu'un ami t'abandonne!
Je te suivrai partout.

VICTOR.

   Cher Dogard!

DOGARD.

        Mais pardonne
Si, touché comme toi, je cherche cependant
A modérer l'excès de ton zèle imprudent.

Quoi! devant une Chambre effrayée et séduite,
Tu veux du Dictateur accuser la conduite?
Des Députés d'abord ranimons la vertu;
Relevons en secret leur courage abattu;
Préparons un succès maintenant impossible.

VICTOR.

Non, la Chambre à l'honneur ne peut être insensible;
Nos voix l'arracheront à sa morne stupeur :
Le courage se gagne aussi bien que la peur.

DOGARD.

Ne précipitons rien; que nos soins accomplissent....

VICTOR.

Attendre? quand déjà les cachots se remplissent!

DOGARD.

Tout cède au Dictateur, il est maître absolu.

VICTOR.

Nous devons le combattre, et j'y suis résolu.
Différer d'un seul jour me semblerait un crime.

DOGARD.

Mais du moins....

VICTOR.

   C'est assez. Un tyran nous opprime;
Nos droits, nos libertés, rien n'est sacré pour lui;
Dans la Chambre je vais l'accuser aujourd'hui,
Je vais des opprimés embrasser la défense;
Veux-tu me seconder?

DOGARD.

   Ah! ce doute m'offense!
Je serai contre tous ton second, ton soutien,
Et je ne puis avoir d'autre avis que le tien.

Je braverais pour toi le sort le plus funeste.

VICTOR.

Eh bien! ne perdons pas le moment qui nous reste.
Le temps presse, il me faut préparer mon discours;
Viens donc de tes conseils me prêter le secours.

QUATRIÈME PARTIE.

SCÈNE II.

PERSONNAGES

DE LA SCÈNE DEUXIÈME.

VICTOR GRICHARD.
VINCENT GRICHARD.
DOGARD.
CÉLINE.

La scène est chez Victor Grichard.

QUATRIÈME PARTIE.

SCÈNE II.

Chez Victor Grichard.

VICTOR GRICHARD, DOGARD, CÉLINE.

(Victor et Dogard sont assis à une table où le premier prend des notes; Céline travaille de l'autre côté de la scène.)

VICTOR, à Dogard.

Voyons, qu'en penses-tu ?

DOGARD.

Mais....

VICTOR.

Parle avec franchise.

DOGARD.

Eh bien! à mon avis, s'il faut que je le dise,
Cette accusation est trop forte.

VICTOR.

Comment ?

DOGARD.

Oui, je voudrais, mon cher, plus de ménagement.
Tu vas épouvanter la Chambre tout entière.
Braver le Dictateur et lui rompre en visière,
C'est vouloir à plaisir provoquer son courroux.
Marchons à notre but par des chemins plus doux.

VICTOR.

Ménager Ducroisy! c'est le soin qui t'occupe?

DOGARD.

Mon Dieu! tu le sais bien, je ne suis plus sa dupe.
Mais il est tout-puissant!... En cette occasion,
Une plainte vaut mieux qu'une accusation.
Crois-moi, mon cher Victor, ne dis rien qui le blesse;
Sois prudent.

VICTOR.

Moi, j'aurais cette indigne faiblesse?
Cacher au Dictateur quel espoir est le mien?
Prendre un masque à mon tour quand il quitte le sien?
Jamais!

DOGARD.

Ce n'est pas là ce que je te propose.
Mais on prend un détour.... par exemple, on suppose
Que l'acte violent qui consterne Paris
Vient d'un malentendu, d'un ordre mal compris;
Ou que du Dictateur, par un lâche artifice,
Des rapports mensongers ont trompé la justice.
Ainsi, tu l'avertis, et ne l'accuses pas:
Sans honte il peut alors revenir sur ses pas;
Il peut se faire honneur de ton indépendance;
Mais le pousser à bout serait une imprudence.

VICTOR.

A ces subtilités je n'aurai pas recours:
N'en parlons plus. Tu viens d'entendre mon discours,
Je le prononcerai.... c'est un devoir, te dis-je;
A ne rien déguiser la probité m'oblige.
J'en appelle à Céline.... Oui, qu'en dis-tu?

CÉLINE.

Qui? moi?

VICTOR.

Sans doute; juge-nous, je m'en rapporte à toi.

CÉLINE.

Mon ami, tu le sais, j'ai bien peu de lumières,
Je suis fort ignorante en semblables matières;
Mais j'oserai pourtant te donner un conseil :
N'écoute que ton cœur en un moment pareil.
Ce cœur est généreux, il est noble, intrépide,
Tu te repentirais de suivre un autre guide;
Et ton espoir enfin dût-il être déçu,
Prononce ton discours tel que tu l'as conçu.

VICTOR, à Dogard.

Tu l'entends? ma Céline elle-même partage....

DOGARD.

Aussi je ne veux pas insister davantage;
Je me tais, je renonce à d'inutiles soins.
N'ayant pu te convaincre, il me reste du moins
Ma part dans les périls où ta vertu te livre:
A la Chambre, Victor, je suis prêt à te suivre.

VICTOR.

Si pourtant l'amitié qui t'attache à mes pas
Devait....

DOGARD.

L'heure s'écoule, et tu n'y songes pas.
Partons.

VICTOR.

Je reconnais mon compagnon fidèle!

22

La gloire nous attend, le devoir nous appelle....
Oui, viens, mon cher Dogard.

~~~~~~

Les précédents, VINCENT GRICHARD.

VINCENT.

Ah! te voilà, Victor!
Je craignais.... grâce au ciel, je te rencontre encor!

VICTOR.

Eh! bon Dieu! qu'est-ce donc? d'où naît ce trouble extrême?

VINCENT.

C'est toi seul qui le cause.

VICTOR.

Il se pourrait?

VINCENT.

Toi-même.
Oui, tu cours des dangers, j'en viens d'être informé;
Un ami....

VICTOR.

Sans sujet ton cœur est alarmé.
Laissons cela.

DOGARD.

Non, parle.

CÉLINE.

Expliquez-vous, de grâce.

VINCENT.

Un ami, bien au fait de tout ce qui se passe,
Est venu m'avertir qu'hier le Dictateur

T'a traité de transfuge et de perturbateur;
Qu'il s'est plaint hautement de ton ingratitude.

VICTOR.

Et voilà le motif de ton inquiétude?

VINCENT.

Ce n'est pas tout. Quelqu'un ayant parlé pour toi,
Vanté ton dévouement, tes services, ta foi,
Il s'est avec courroux hâté de l'interrompre :
Dans mon gouvernement, il faut plier ou rompre,
A-t-il dit; que Grichard choisisse.... et promptement.

DOGARD, à Victor.

Voudrais-tu négliger cet avertissement?

VICTOR.

Bon! des propos en l'air, mal rapportés sans doute.

VINCENT.

Tu connais Ducroisy, crains tout s'il te redoute.
Sur un ordre de lui tu peux être arrêté.

VICTOR.

Moi? Député!

VINCENT.

    Pour lui qu'est-ce qu'un Député?
Nul d'entre eux n'oserait lui résister en face.

VICTOR.

Mais enfin, selon toi, que faut-il que je fasse?

VINCENT.

Ce que font aujourd'hui nombre de gens de bien :
Ajourner des efforts dont tu n'obtiendrais rien;
Aux regards du tyran sans délai te soustraire,
Et dans un sûr asile....

VICTOR.

Y songes-tu, mon frère?

VINCENT.

Mon beau-père possède, en un lieu retiré,
Une ferme où de tous on peut vivre ignoré;
Eh bien! en ce séjour il t'offre une retraite.

VICTOR.

Me cacher?

VINCENT.

Pourquoi non?

VICTOR.

Vincent!

VINCENT.

Je te répète
Que tous les gens de bien s'éloignent de Paris.
Ce matin la terreur a glacé les esprits,
Quand des proscriptions on a su la nouvelle.
L'âme du Dictateur désormais se révèle;
Aux forfaits qu'il médite il prélude aujourd'hui;
Du peuple il est l'idole, et l'armée est à lui:
Sur les vrais citoyens s'amasse la tempête,
Et vouloir résister c'est hasarder sa tête.
Cède donc, le pays t'en impose la loi;
Et pour des temps meilleurs du moins conserve-toi.

VICTOR.

Ainsi les gens de bien, selon leur habitude,
Au moment du péril cherchent la solitude,
S'isolent l'un de l'autre, et tous, sans rien oser,
Ils subissent le joug qu'on leur veut imposer!
Ah! ces lâches frayeurs sur eux toujours retombent:

Unis ils triomphaient, dispersés ils succombent.
Le faisceau ne rompt pas sous la main du plus fort,
Mais les dards séparés sont brisés sans effort.
Je n'imiterai pas un exemple funeste :
Fuir serait une faute, une honte.... et je reste.

VINCENT.

Vous l'entendez, ma sœur! Prêtez-moi votre appui,
Obtenez de Victor....

CÉLINE.

Je pense comme lui.

VINCENT.

Vous? ô ciel!

CÉLINE.

C'est ici que son devoir l'attache;
Éviter le combat lui serait une tache;
Et je le trahirais si j'osais l'engager
A déserter son poste au moment du danger.

VICTOR.

Bien, ma Céline, bien!

VINCENT.

Quel langage! une épouse!...

CÉLINE.

Victor!...

VICTOR.

De mon honneur tu te montres jalouse :
J'aime ta fermeté; ton cœur comprend le mien.

VINCENT.

Sans espoir de succès....

VICTOR.

Je n'écoute plus rien.

D'un côté le danger, de l'autre l'infamie....
Mon choix n'est pas douteux. Adieu, ma bonne amie;
Adieu, Vincent. Partons, Dogard.

DOGARD.

Je suis tes pas.

~~~~~~

CÉLINE, VINCENT GRICHARD.

VINCENT.

Vous le laissez partir! vous ne l'arrêtez pas!

CÉLINE.

Non!... mais nous voilà seuls.... je puis pleurer, mon frère!

VINCENT.

Vous, Céline?

CÉLINE.

O mon Dieu! c'est en toi que j'espère!
Mon Victor ne peut-il encore être sauvé?
Le jour du sacrifice est-il donc arrivé?

VINCENT.

Un pareil changement....

CÉLINE.

Je suis toujours la même:
Ainsi qu'il faut l'aimer soyez sûr que je l'aime.
Ma douleur se trahit, avec vous, en secret;
Mais devant lui jamais une plainte, un regret....
Que dis-je? en cet instant ma faiblesse l'outrage;
Victor, en s'éloignant, compte sur mon courage;
Je dois sécher des pleurs qui ne servent à rien,
Et relever mon cœur à la hauteur du sien.

PARTIE IV, SCÈNE II.

VINCENT.

Non, cette fermeté je ne la puis comprendre.

CÉLINE.

Ma résignation ne doit pas vous surprendre.
En aimant votre frère, en me donnant à lui,
J'ai prévu les dangers qu'il affronte aujourd'hui;
A la soif des grandeurs son âme était livrée,
Je vis que nos beaux jours auraient peu de durée.
Mais j'étais nécessaire à calmer sa douleur,
J'acceptai sans regret la honte et le malheur;
Je bravai tout.... je fus sa maîtresse avouée !
Ainsi, pour le servir je me suis dévouée :
J'ai consolé son cœur, soutenu sa vertu,
Vingt fois j'ai relevé son courage abattu,
Et naguère ma voix, qu'il écoute et qu'il aime,
A désarmé son bras tourné contre lui-même.

VINCENT.

Ciel ! que m'apprenez-vous ?

CÉLINE.

Ce n'était rien encor.
De ses amis j'avais à défendre Victor :
Leurs perfides conseils empoisonnaient son âme;
Il n'était que rebelle, ils le voulaient infâme;
A son ambition ils disaient tout permis....
Il crut à sa maîtresse et non à ses amis;
Jusque dans ses erreurs il mérita l'estime.
Mais moi, que flétrissait un nœud illégitime,
Je sentais toutefois, en cachant mon ennui,
Que ma honte pouvait rejaillir jusqu'à lui;
Qu'un homme politique, aux efforts de l'envie

Doit pouvoir opposer l'exemple de sa vie ;
Je désirais son nom !... lui-même il me l'offrit !
Ah ! le bonheur sans doute égara mon esprit ;
Pour le suivre à l'autel tout me devint possible :
Aux discours du public je parus insensible,
Des regards insultants je supportai l'affront,
Et d'un bouquet menteur j'osai parer mon front !...
Je devins son épouse.

VINCENT.

Et cet hymen l'honore.
A ses respects, aux miens vous aviez droit encore ;
Céline, je suis fier de vous nommer ma sœur.

CÉLINE.

Oui, vous fûtes pour moi toujours un défenseur ;
Merci, merci, mon frère. Ah ! ce titre d'épouse
De son honneur encor me rendit plus jalouse ;
S'il m'a donné des droits, il accroît mes devoirs.
Et lorsque Ducroisy brise tous les pouvoirs,
Des vertus qu'il feignait dépouille l'apparence,
Plonge dans les cachots l'élite de la France,
Vous voulez que Victor, tranquille spectateur,
Craignant de disputer sa proie au Dictateur,
Refusant son secours à la France asservie,
Ne prenne d'autre soin que celui de sa vie?
Vous voulez qu'à mon tour, et tremblant avec vous,
Par de lâches conseils j'insulte mon époux ?...
Lui, grand Dieu ! du tyran devenir le complice !
Lui, sans avoir lutté, s'évader de la lice !...
Ah ! le jour à ce prix lui serait odieux.
Non, qu'il sauve sa gloire !... Et ne vaut-il pas mieux

Que de son dévoûment généreuse victime,
Il succombe entouré de la publique estime,
Plutôt que de le voir, de remords dévoré,
Dans quelque asile obscur languir déshonoré ?...
Mon frère, bannissons de honteuses alarmes :
Voyez, j'aime Victor!... et j'ai séché mes larmes!

VINCENT.

Oh! combien votre cœur est grand et généreux!
Quel oubli de vous-même en ces instants affreux!
Toujours Victor!... mais vous, vous, femme infortunée,
Hélas! à quels destins êtes-vous condamnée,
Si sa perte....

CÉLINE.

Eh! qu'importe alors?

VINCENT.

D'un juste effroi....

CÉLINE.

Laissons cela!.... Venez, mon frère, suivez-moi;
Un soin plus important occupe ma pensée.
La séance déjà doit être commencée ;
Mon Victor, réparant de trop longues erreurs,
De l'homme qu'il servit va braver les fureurs ;
Oui, dans tout leur éclat ses vertus vont paraître!...
Venez!... Après ce jour, la tribune peut-être
Ne retentira plus des accents de sa voix;
Je veux l'entendre au moins pour la dernière fois!

QUATRIÈME PARTIE.

SCÈNE III.

PERSONNAGES

DE LA SCÈNE TROISIÈME.

DUCROISY, Dictateur.
BAUDRICOUR.
CLUCHET.
VICTOR GRICHARD.
DOGARD.
COUTURIER.
MONTANCLOS.
Mme DE RANCY.
Un Huissier.
Un Commandant de la garde du Dictateur.

La scène est chez le Dictateur.

QUATRIÈME PARTIE.

SCÈNE III.

Chez le Dictateur.

DUCROISY, BAUDRICOUR, CLUCHET.

DUCROISY.

Les insolents!

BAUDRICOUR.

Ils sont résolus, tu le vois.
Dogard applaudissait des mains et de la voix,
Quand Victor, étalant un fier patriotisme,
Pérorait en tribun contre ton despotisme.

DUCROISY.

Eux qui me doivent tout!.... que j'ai vus si soumis!....
Eh bien! Cluchet, voilà vos amis!

CLUCHET.

Mes amis?
Non je vous jure. Ensemble ayant fait nos études,
Nous avons conservé d'anciennes habitudes;
Mais, fussions-nous unis du plus tendre lien,
S'ils s'attaquent à vous ils ne me sont plus rien.
De vous être fidèle avant tout je me pique.

DUCROISY.

(Après avoir serré la main de Cluchet.)

Et, dis-moi, Baudricour, pendant la philippique

Du vertueux Grichard, as-tu bien observé?
Quel effet a produit son discours?

BAUDRICOUR.

J'ai trouvé
Peu d'accord dans la Chambre.

DUCROISY.

Achève.

BAUDRICOUR.

Une partie
A blâmé franchement une telle sortie.
De leur timidité d'autres ont pris conseil;
Et feignant de céder aux douceurs du sommeil,
Ils ont, les yeux fermés et l'oreille attentive,
Écouté de Victor la fougueuse invective.
D'autres enfin semblaient approuver l'orateur....

DUCROISY.

Quoi!....

BAUDRICOUR.

N'osant hasarder un signe approbateur,
Aux bravos de Dogard pour joindre leur suffrage,
Dans les yeux l'un de l'autre ils cherchaient du courage;
Et, je dois te le dire, en un pareil moment,
Si quelques-uns avaient applaudi hautement,
S'ils avaient de Victor soutenu la bannière,
Ils pouvaient entraîner la Chambre presque entière.

DUCROISY.

Il suffit. Je dois donc me montrer à mon tour;
Je dois d'un tel danger prévenir le retour,
Étouffer dans son germe une naissante audace.
Malheur à l'insensé dont la voix me menace!

PARTIE IV, SCÈNE III. 351

Qu'il tremble!... Écoute, écris à Victor, à Dogard
Qu'ils se rendent ici sur-le-champ, sans retard;
Avant de prononcer je veux bien les entendre.

BAUDRICOUR.

Après un tel éclat tu n'en peux rien attendre;
Ce sont des ennemis.

DUCROISY.

Č'est ce qu'il faudra voir.
Qu'ils viennent.... Ils seront du moins en mon pouvoir.

BAUDRICOUR.

Tu le veux? j'obéis; mais c'est trop d'indulgence.
(Pendant le dialogue suivant, Baudricour écrit les deux lettres, puis il sonne un huissier qu'il charge de les envoyer.)

DUCROISY.

Eh bien, Cluchet, voyons, a-t-on fait diligence?
Mes Ministres ont-ils suivi mes volontés?
Tous mes ordres d'hier sont-ils exécutés?

CLUCHET.

Oui, tous : le supplément de paye aux militaires,
Un travail lucratif offert aux prolétaires,
Le pain diminué....

DUCROISY.

Fort bien! et quels effets....

CLUCHET.

Admirables! Partout des transports; vos bienfaits
Du peuple et des soldats vous ont rendu l'idole.

DUCROISY.

Des discours insolents cet amour me console.
Avec le peuple, on peut braver les Députés;
Et je n'ai pas perdu mes libéralités.

CLUCHET.

Elles vont s'élever à des sommes énormes;
Et vous aviez promis d'opérer des réformes.
Comment subviendrez-vous à ces profusions?

DUCROISY.

Comment? N'avons-nous pas les confiscations?

CLUCHET.

Oui, c'est juste, en effet.

DUCROISY.

Sagement réparties,
Elles pourront longtemps....

BAUDRICOUR.

Les lettres sont parties.

DUCROISY.

A-t-on trouvé, dis-moi, beaucoup d'argent comptant
Chez les gens arrêtés ce matin?

BAUDRICOUR.

Pas autant
Qu'on devait l'espérer.

DUCROISY.

La plupart sont des hommes
Que l'on dit riches.

BAUDRICOUR.

Bon! de misérables sommes:
On n'a pas ramassé deux millions.

DUCROISY.

C'est peu.

BAUDRICOUR.

Ce n'est rien. On te vole; à ta place, morbleu!...

DUCROISY.

La récolte demain promet d'être meilleure;
Tu seras plus content, je crois.

BAUDRICOUR.

A la bonne heure.

DUCROISY.

On t'a remis les fonds?

BAUDRICOUR.

Oui, certe; ils sont ici.

DUCROISY.

Prenez cent mille francs pour vous deux.

BAUDRICOUR.

Grand merci!
J'accepte.

CLUCHET.

Un tel bienfait!... comment... par quel langage?...

DUCROISY.

D'estime et d'amitié ce n'est qu'un premier gage;
Par la suite....

CLUCHET.

Ah! c'est trop....

DUCROISY.

Pourquoi vous récrier?
Je remplis un devoir.

(Un huissier paraît à la porte du fond; Baudricour va lui parler.)

Qu'est-ce?

BAUDRICOUR.

C'est Couturier.

DUCROISY.

Je l'attendais! Ah! ah! monsieur le journaliste,

A nous deux!....

(Baudricour et Cluchet font un mouvement pour sortir.)

Non, restez. Copiez-moi la liste
Des suspects que je veux faire arrêter demain.

BAUDRICOUR.

Donne.

DUCROISY.

Pourras-tu lire?

BAUDRICOUR.

Oh! je connais ta main.

DUCROISY.

Ce sont tous des banquiers, des hommes de finance.

BAUDRICOUR.

Tant mieux! ces caisses-là sont à ma convenance.

DUCROISY.

N'en oubliez aucun. Quand vous aurez écrit,
Si quelques autres noms vous viennent à l'esprit,
Eh bien, ajoutez-les. Pour peu qu'on vous déplaise,
Inscrivez.

BAUDRICOUR.

Tu permets?

DUCROISY.

Comment donc! à votre aise!
Huissier, faites entrer.

Les précédents, COUTURIER.

COUTURIER.

Ah ! mon cher Dictateur,
Enchanté de vous voir, votre humble serviteur.

DUCROISY.

A mon ordre d'abord il eût fallu vous rendre.
Vous êtes en retard, vous m'avez fait attendre,
Citoyen Couturier.

COUTURIER.

Ah ! pardon !... oui.... je sais....
Citoyen Dictateur.... mon devoir....

DUCROISY.

C'est assez.
Venons au fait. Toujours, selon votre coutume,
A qui veut la payer vous vendez votre plume ;
Et, pour quelques écus, complaisant et soumis,
Vous déclarez la guerre à vos meilleurs amis.

COUTURIER.

Mais....

DUCROISY.

Vous avez osé, dans un article infâme,
Lancer jusque sur moi le sarcasme et le blâme.

COUTURIER.

Cet article est-il donc si coupable en effet ?
J'ignore son danger, et quel tort il vous fait.

DUCROISY.

Quel tort ? Ah ! bien souvent une épigramme tue !

La presse a tout pouvoir. Sa licence habitue
Les peuples à juger, lorsqu'il faut obéir :
Qui critique ses Rois est près de les trahir.
Sans elle, Philibert gouvernerait encore.
Attendrai-je à mon tour que l'hydre me dévore?
Non; je la dompterai, j'enchaînerai ses pas....
Vos critiques enfin ne me conviennent pas.
Ainsi la nation par vous est alarmée;
Vous démoralisez mon peuple, mon armée.
Je devrais châtier cet article imprudent.

COUTURIER.

Vous, de la liberté le défenseur ardent....

DUCROISY.

La liberté? ce mot, utile à qui veut nuire,
Est bon pour renverser, et non pas pour construire.
J'en ai tiré parti, vous en êtes témoin;
Mais je règne à présent, je n'en ai plus besoin.

COUTURIER.

A la presse, aux journaux vous donneriez des chaînes ?

DUCROISY.

Ce serait contre moi soulever trop de haines.
Je n'aurai pas recours à des prétextes vains
Pour gêner dans leurs droits d'illustres écrivains.
Entière liberté!... la Charte vous l'assure.
Sous moi, vous n'avez pas à craindre la censure;
Point d'entraves; ici chacun peut librement
Attaquer ma personne et mon gouvernement.
Mais, comme il faut aussi pourvoir à ma défense,
Je fais saisir d'abord l'insolent qui m'offense,
Je le fais disparaître.... et de ma trahison

PARTIE IV, SCÈNE III.

Il se plaindra, s'il veut, aux murs de sa prison.
Que la presse de moi maintenant se sépare ;
Voilà quelle réponse aux journaux je prépare,
Voilà ma polémique et ma légalité,
Enfin voilà comment j'entends la liberté.

COUTURIER.

Citoyen Dictateur, si j'ai pu vous déplaire....

DUCROISY.

Non, la réflexion a calmé ma colère ;
Je pardonne vos torts, mais vous me promettez....

COUTURIER.

Ah ! je jure de suivre en tout vos volontés.

DUCROISY.

Soit. Il n'est pas besoin qu'avec vous je m'explique :
Je ne vous force pas d'aimer la république ;
Servez-la, servez-moi, vous serez bien payé.

COUTURIER.

Je respire ! D'abord vous m'aviez effrayé,
Je ne le cache pas.

DUCROISY.

Vous devez me connaître.
Si les temps sont changés, si je suis votre maître,
Par d'anciens souvenirs je me sentais lié....
Oui, sévir contre vous m'aurait contrarié.

COUTURIER.

Votre cœur est si bon !

DUCROISY.

Trop faible, je l'avoue.

COUTURIER.

Le mien vous est acquis. Désormais je me voue

A notre Dictateur.

DUCROISY.

Bien! vous me comprenez.
J'achète votre plume, et vous m'appartenez;
Vous écrirez pour moi, pour moi seul.

COUTURIER.

Je le jure.

DUCROISY.

Jamais un mot de blâme, un éloge, une injure,
Sans mon ordre.

COUTURIER.

Jamais.

DUCROISY.

Vous viendrez chaque jour
Savoir mes volontés; Cluchet ou Baudricour
Vous les feront connaître.

COUTURIER.

Et mon exactitude....

DUCROISY.

Un dernier mot encor : vous avez l'habitude
D'écrire sans scrupule et pour tous les partis.

COUTURIER.

Croyez....

DUCROISY.

Je le saurais, je vous en avertis.

COUTURIER.

Quel soupçon! moi, grand Dieu! par des écrits perfides...

DUCROISY.

Prenez-y garde au moins; quatre murs bien solides
Me répondraient de vous.

COUTURIER.

Dévoué, circonspect...

DUCROISY.

J'y compte; allez.

COUTURIER.

Daignez agréer mon respect.

(Il sort.)

~~~~~~

Les précédents, excepté COUTURIER.

BAUDRICOUR, se levant.

Ce pauvre Couturier ne savait où se mettre.

DUCROISY.

La peur et l'intérêt doivent me le soumettre.
C'est un homme d'esprit, intelligent, adroit;
Mais j'aurai l'œil sur lui, j'entends qu'il marche droit.
Et ma liste?

CLUCHET, se levant.

C'est fait. La feuille est toute pleine.

DUCROISY.

Avez-vous ajouté des noms?

BAUDRICOUR.

Une douzaine.

DUCROISY.

Douze? très-bien! voilà de la discrétion.

BAUDRICOUR.

Ces douze-là, mon cher, valent un million.
D'ailleurs ils pensent mal; oui, tous au fond de l'âme....

UN HUISSIER.

Madame de Rancy.

DUCROISY.

Quoi! toujours cette femme!
De m'en débarrasser n'est-il donc pas moyen?

BAUDRICOUR.

Que dis-tu?

DUCROISY.

J'en suis las.

BAUDRICOUR.

Ah! cela n'est pas bien.
Pour te servir, à tout tu l'aurais décidée.

DUCROISY.

Je n'ai plus besoin d'elle, ainsi.... mais quelle idée!...
Elle pourrait encor.... sa naissance, son nom....
Mais consentira-t-elle....? ah! voilà... Pourquoi non?
C'est une femme forte, au-dessus du scrupule;
Il s'agit seulement de dorer la pilule.
  (A l'huissier.)
Qu'elle entre.

BAUDRICOUR.

Ah! j'étais sûr....

DUCROISY.

La voici! Laissez-nous.

DUCROISY, Mme DE RANCY.

Mme DE RANCY.

On a bien de la peine à percer jusqu'à vous.

DUCROISY.

Oui, je ne suis plus libre; une chaîne cruelle....

PARTIE IV, SCÈNE III.

Mais que me voulez-vous?

Mme DE RANCY.

C'est une bagatelle,
Moins que rien; du succès je ne saurais douter.

DUCROISY.

Voyons.

Mme DE RANCY.

Parmi les gens que l'on vient d'arrêter,
Il en est deux, monsieur, auxquels je m'intéresse.
A votre cœur jamais en vain je ne m'adresse;
Vous allez me signer leur mise en liberté.

DUCROISY.

Cela ne se peut pas.

Mme DE RANCY.

Quoi!...

DUCROISY.

Non, en vérité.

Mme DE RANCY.

Mais, monsieur, j'ai promis.

DUCROISY.

Je n'y saurais que faire.
Vous manquez là sans doute une excellente affaire;
Mais moi je dois placer, j'en ai bien du regret,
L'intérêt de l'État avant votre intérêt.

Mme DE RANCY.

Vous supposez toujours....

DUCROISY.

Rien que de fort honnête.

Mme DE RANCY.

Mais enfin par erreur quelquefois on arrête....

DUCROISY.

Tout s'est exécuté par mon commandement.

Mme DE RANCY.

Ainsi, vous refusez?

DUCROISY.

Très-positivement.

Mme DE RANCY.

Se peut-il que de vous mes prières n'obtiennent....

DUCROISY.

Ah! c'est trop insister! Ces gens-là m'appartiennent;
De ne m'en plus parler désormais qu'on ait soin,
Ou ma sévérité pourrait aller plus loin.

Mme DE RANCY.

Ce langage....

DUCROISY.

Au malheur vous demeurez fidèle,
C'est bien; des vrais amis vous êtes le modèle....
Mais je profiterai de cette occasion
Pour avoir avec vous une explication.

Mme DE RANCY.

Qu'est-ce donc?

DUCROISY.

J'ai pour vous une amitié sincère,
Vous le savez.

Mme DE RANCY.

Eh! mais....

DUCROISY.

Oui, vous m'êtes bien chère!...
Et cependant, tel est aujourd'hui mon devoir,
Il faut rompre nos nœuds et ne plus nous revoir.

PARTIE IV, SCÈNE III.

Mme DE RANCY.

Ne plus nous revoir?

DUCROISY.

Non; la vertu, la morale....

Mme DE RANCY.

Qu'est-ce à dire?

DUCROISY.

Je dois éviter le scandale.

Mme DE RANCY.

Le scandale?

DUCROISY.

Il le faut.

Mme DE RANCY.

Mais notre liaison,
Certe, est bien innocente.

DUCROISY.

Oui, vous avez raison!
Ils sont passés, nos jours d'ivresse et de folie!
Oui!... mais qui le croira? vous êtes si jolie!

Mme DE RANCY.

Eh! monsieur, grâce au moins de toutes ces fadeurs.

DUCROISY.

Le joug le plus pesant est celui des grandeurs!
Chez nous nulle action ne peut rester secrète;
Tout ce que nous faisons d'abord on l'interprète :
Nos sujets avec soin observent tous nos pas;
Ils exigent de nous des vertus qu'ils n'ont pas.

Mme DE RANCY.

Assez! Épargnez-vous d'inutiles paroles;
Et sans chercher ici des prétextes frivoles....

DUCROISY.

Des prétextes? Pourquoi prendrais-je tant de soin?
Et pour rompre avec vous en ai-je donc besoin?
Ma volonté suffit.

Mme DE RANCY.

Ciel!

DUCROISY.

Tout ceci m'afflige;
Finissons. Vous savez ce que mon rang exige;
De ma position je dois subir les lois;
Enfin, nous nous voyons pour la dernière fois.

Mme DE RANCY.

Fort bien! voilà le prix d'un dévoûment si tendre!
Ah! j'ai trop fait pour vous, je m'y devais attendre!
Ainsi, vous me laissez sans amis, sans soutien!...
Eh, qu'importe après tout quel sort sera le mien?
Qu'importe qu'une femme, à présent importune,
Ait compromis pour vous son nom et sa fortune?

DUCROISY.

Allons donc!

Mme DE RANCY.

Oui, monsieur.

DUCROISY.

Allons, vous plaisantez.
Sans rappeler ici mes prodigalités,
Mes dons de chaque jour, mes nombreux sacrifices,
Le journal vous donnait d'énormes bénéfices;
Le fabricant, l'auteur, le marchand, l'érudit,
Tous s'adressaient à vous.... et jamais de crédit;

Chacun payait comptant ses chalands ou sa gloire.
Et c'est à moi qu'ici vous voulez faire accroire....

Mme DE RANCY.

Oui, j'ai reçu beaucoup, je ne le nîrai pas.
Mais oubliez-vous donc tous ces bals, ces repas,
Ce luxe de maison, ces somptueuses fêtes,
A qui vous devez tout, jusqu'au rang où vous êtes?
Par votre ordre, pour vous, cédant à vos désirs,
J'ai fait de mon hôtel le séjour des plaisirs;
Je n'étais en vos mains qu'un instrument servile;
Chez moi vous invitiez et la cour et la ville;
Je vous obéissais, et vos instructions
Encourageaient mon luxe et mes profusions.
Les produits du journal étaient loin d'y suffire.
Peut-être sans détour j'aurais dû vous le dire;
Mais quoi! vos intérêts étaient alors les miens....
Je gardai le silence, et j'engageai mes biens;
Aux dépenses ainsi j'égalai les recettes,
Et je pourvus à tout en contractant des dettes.
Voilà ce que j'ai fait, monsieur; voilà comment
Ma ruine est le prix de mon attachement.

DUCROISY.

Si, comme je le crois, ce récit est fidèle,
Je dois être, et je suis touché de votre zèle;
Mais vous plaindre, madame, est tout ce que je puis.

Mme DE RANCY.

D'un imprudent lien tels sont les justes fruits!
Moi qui, naguère encor, d'hommages entourée,
Étais riche, brillante, et partout honorée....

Sans ressource, avilie, il me faut désormais
Me cacher dans la foule, et n'en sortir jamais!

DUCROISY.

Écoutez-moi : je crois pouvoir sécher vos larmes.
De vos jours de splendeur vous regrettez les charmes ;
Eh bien! si vous voulez, vous n'avez rien perdu ;
Gloire, fortune, tout peut vous être rendu.

Mme DE RANCY.

Ciel!

DUCROISY.

Pour vous de nouveau les plaisirs vont éclore ;
Vous devenez plus riche et plus brillante encore.

Mme DE RANCY.

Est-il vrai? quel moyen?....

DUCROISY.

Il est facile.

Mme DE RANCY.

Quoi?

Que faut-il faire ?

DUCROISY.

Il faut vous brouiller avec moi.

Mme DE RANCY.

Me brouiller, dites-vous?

DUCROISY.

Oui.... mais en apparence.

Mme DE RANCY.

Pourquoi?

DUCROISY.

Pour assurer le repos de la France.

Mᵐᵉ DE RANCY.

Je ne vous comprends pas.

DUCROISY.

       Écoutez seulement :
Vous avez de l'esprit, du tact, du jugement;
Nous resterons unis sans qu'aucun le soupçonne.
Partout vous attaquez mes actes, ma personne;
Je ne suis qu'un tyran, qu'un despote odieux;
Au souvenir du Roi les pleurs mouillent vos yeux,
Quiconque le regrette est sûr de votre estime;
Il faut, pour être admis dans votre cercle intime,
Éclater sur mon compte en discours insultants;
Vous n'avez plus d'amis que chez les mécontents....
Alors, initiée à toutes leurs pensées,
Vous savez leurs projets, leurs trames insensées;
Et moi, chaque matin instruit par vos rapports,
Je peux tromper leur haine, et braver leurs efforts.

Mᵐᵉ DE RANCY.

Qu'entends-je? c'est ainsi qu'il faut que je vous serve?
C'est l'emploi d'espion que monsieur me réserve?
Ah! mieux vaudrait....

DUCROISY.

      De grâce, écoutez jusqu'au bout.

Mᵐᵉ DE RANCY.

Une pareille insulte !

DUCROISY.

      Eh! mon Dieu! pas du tout.

Mᵐᵉ DE RANCY.

Me proposer, à moi....

DUCROISY.

Vous prenez mal la chose;
Rien n'est plus simple.

Mme DE RANCY.

Mais....

DUCROISY.

Permettez. Je suppose
Que, sous la monarchie, il se fût contre moi
Tramé quelque complot; soyez de bonne foi,
Voyons, en apprenant qu'on cherchait à me nuire,
N'auriez-vous pas couru d'abord pour m'en instruire?

Mme DE RANCY.

Il est vrai; de mon cœur prenant alors conseil....

DUCROISY.

J'en étais sûr! Eh bien, le cas est tout pareil.
En votre affection je mets mon espérance.

Mme DE RANCY.

Vous gouvernez l'État, c'est une différence....

DUCROISY.

Qu'importe?... Ah! si pour vous j'étais un étranger,
Si rien ne vous portait à craindre mon danger,
Si, par calcul, servant ma haine ou ma colère,
Vous n'aviez d'autre but qu'un ignoble salaire,
Oh! j'en conviens, alors, le fait n'est pas douteux,
Je vous proposerais l'emploi le plus honteux!...
Mais ce n'est plus cela! le cœur seul vous dirige;
Ces révélations, l'amitié les exige;
C'est moi, c'est un ami véritable, constant,
Que vous avertissez des piéges qu'on lui tend.

Mme DE RANCY.

Oui... ces raisons sans doute ont de quoi me convaincre...
Mais un éloignement que je ne saurais vaincre....

DUCROISY.

Quelle faiblesse!

Mme DE RANCY.

Non.... j'ai peine à surmonter....

DUCROISY.

Si vous m'aimiez encore....

Mme DE RANCY.

En pouvez-vous douter?

DUCROISY.

Chère Émilie, enfin vous voilà décidée!

Mme DE RANCY.

Ah! je ne sais que faire!... une importune idée....
Tenez, jusqu'à demain laissez-moi réfléchir.

DUCROISY.

Soit. Mais d'un vain scrupule il faut vous affranchir.

Mme DE RANCY.

Je vous quitte; demain vous aurez ma réponse.
Adieu donc.

(Elle sort.)

DUCROISY, ensuite CLUCHET.

DUCROISY.

C'est un oui que cet adieu m'annonce.
J'en étais sûr d'avance! Oh! je la connais bien;
C'est de l'or qu'il lui faut. Ainsi, par son moyen,

Complots, insultes, vœux, je pourrai tout apprendre.

CLUCHET.

Dogard s'est à votre ordre empressé de se rendre.
Il est là.

DUCROISY.

Bien! fort bien! faites-le moi venir....
Attendez!.... mieux que moi vous pourriez obtenir....
Un ancien camarade.... oui, parlez-lui vous-même,
Remplacez-moi, Cluchet; il vous croit, il vous aime,
Votre voix sur son cœur aura plus de pouvoir,
Et parviendra peut-être à le rendre au devoir.
Il peut nous être utile, il a quelque éloquence;
D'ailleurs, comme adversaire, il est sans conséquence :
Mieux vaut le ramener encor que le punir.

CLUCHET.

Puisque vous le voulez, je vais l'entretenir;
Je mettrai tous mes soins....

DUCROISY.

Je connais votre zèle.

Je vous laisse.
(Il sort.)

CLUCHET, DOGARD.

CLUCHET.

Hé! Dogard!

DOGARD.

Est-ce toi qui m'appelle?

CLUCHET.

Oui, viens.

PARTIE IV, SCÈNE III.   371

DOGARD.

Es-tu seul?

CLUCHET.

Oui.

DOGARD.

Bon! De grâce, apprends-moi
Pourquoi je suis mandé.

CLUCHET.

Tu demandes pourquoi?

DOGARD.

Mais....

CLUCHET.

Réponds, n'as-tu pas de reproche à te faire?

DOGARD.

Mon ami....

CLUCHET.

Te voilà dans une belle affaire!

DOGARD.

Comment donc?

CLUCHET.

Te liguer contre le Dictateur!
Dans la Chambre, insulter, braver ton bienfaiteur!
Cela n'a pas de nom.

DOGARD.

Oui, j'aurais dû peut-être....

CLUCHET.

Toi, Dogard, devenir un factieux, un traître!
Que faire maintenant, et comment te sauver?

DOGARD.

Mais que penses-tu donc qui puisse m'arriver?

CLUCHET.

Je crains tout. Ducroisy doit punir cette offense.
Peut-être qu'en secret son cœur prend ta défense ;
Mais il ne peut absoudre un pareil attentat :
Attaquer sa puissance est un crime d'État.

DOGARD.

Eh bien ! oui, j'en conviens, j'ai fait une sottise.

CLUCHET.

Et cela par faiblesse, il faut que je le dise.
J'ai soutenu ton cœur autant que je l'ai pu ;
Mais tu m'as échappé, Victor t'a corrompu :
De ta défection lui seul il est la cause,
J'en suis sûr.

DOGARD.

   Je l'avoue, il en est quelque chose ;
Toujours je fus au rang de ses admirateurs.

CLUCHET.

Toi, Dogard, le premier parmi nos orateurs,
Toi, Député fameux, dont la voix énergique
Brisa la Royauté, fonda la République,
Fasciné par Victor, on te voit aujourd'hui
Ne penser, ne parler, n'agir que d'après lui !
Quand tu devrais partout jouer le premier rôle,
Tu souffres humblement qu'à sa suite il t'enrôle,
Et se vante en tous lieux qu'il tient en son pouvoir
Le fil qui te dirige et qui te fait mouvoir !

DOGARD.

Il dit cela ?

CLUCHET.

  Sans doute.

PARTIE IV, SCÈNE III.

DOGARD.

Entre nous, il m'impose;
Ses hautes qualités...

CLUCHET.

Laisse donc! il se pose;
En lui tout est calcul, ruse, affectation.
Et toi, qu'il sacrifie à son ambition,
L'engoûment a fermé tes yeux à la lumière;
Et qui vaut moins que toi te mène à la lisière.

DOGARD.

Ce que tu me dis là, je l'ai pensé souvent.
Mais il mettait toujours la patrie en avant,
Le peuple, nos devoirs....

CLUCHET.

Tout cela, jonglerie.
Que t'importent d'ailleurs le peuple et la patrie?
Les révolutions se font-elles pour eux?
Tout ne va-t-il pas bien quand nous sommes heureux?
Tu l'étais devenu! Tes succès de tribune
Déjà te préparaient la plus haute fortune;
Ducroisy, de faveurs envers toi libéral,
T'allait nommer d'abord Procureur-général;
Et plus tard....

DOGARD.

Que dis-tu?

CLUCHET.

Mais non, tu nous renies,
Tu trahis tes amis et tu les calomnies!...
Pour qui? pour un rêveur, pour un esprit hautain,
Un pédant de vertu, dangereux puritain,
Qui, par ambition, fait de l'hypocrisie,

Et t'entraîne avec lui dans son apostasie !
Aussi de ses conseils tu recueilles le fruit :
Gloire, fortune, honneurs, toi-même as tout détruit ;
Et sur toi Ducroisy, que la France contemple,
Ne peut se dispenser de faire un grand exemple.
Tu l'as voulu !

DOGARD.

Cluchet, je suis au désespoir !

CLUCHET.

Je te plains.

DOGARD.

Ces malheurs, j'avais su les prévoir !...
Mais quel sera mon sort ? Apprends-moi....

CLUCHET.

Je l'ignore....
La déportation.... peut-être pis encore....
Car le délit est grave.

DOGARD.

Eh ! oui, je le sais bien !
Mais d'expier mes torts n'est-il aucun moyen ?
Ne puis-je réparer ?...

CLUCHET.

C'est assez difficile.

DOGARD.

Ah ! parle ! A tes conseils je veux être docile.

CLUCHET.

Écoute : te sauver serait possible encor ;
Mais, avant tout, il faut abandonner Victor,
Rompre avec lui.

DOGARD.

Comment!

CLUCHET.

As-tu quelque scrupule?

DOGARD.

Aucun.

CLUCHET.

Il t'a trompé, t'a rendu ridicule;
Tu le vois maintenant.

DOGARD.

Puis, il m'a compromis,
Sacrifié.

CLUCHET.

Reviens à tes anciens amis;
A la Chambre demain réfute avec courage
Ce discours que tantôt appuyait ton suffrage;
Reconnais ton erreur, ose la réparer;
Venge le bienfaiteur que tu dois honorer;
Et de ton nom, déjà fameux dans notre histoire,
Par ce noble retour augmente encor la gloire.

DOGARD.

Et tu penses qu'alors....

CLUCHET.

Tout se peut arranger.

DOGARD.

Ainsi je n'aurais plus à craindre aucun danger?

CLUCHET.

Aucun.

DOGARD.

Le Dictateur me rouvrirait la route

Des emplois, des honneurs, n'est-ce pas?

CLUCHET.

Oui, sans doute.

DOGARD.

Tu crois qu'il me rendrait ses bontés, sa faveur?

CLUCHET.

J'en suis sûr.

DOGARD.

Cher Cluchet! mon ami! mon sauveur!...
Ah! je consens à tout!... Tu me rends à la vie!
Prouver mon repentir est ma plus chère envie.
Que m'importe Victor? J'y vois clair aujourd'hui;
Et je serais un sot de me perdre pour lui.

CLUCHET.

Voilà parler du moins! Enfin je te retrouve!

~~~~~~

Les précédents, DUCROISY.

DUCROISY.

C'est vous, Dogard? Eh bien?...

DOGARD.

Le trouble que j'éprouve....

DUCROISY.

Vous avez dignement payé mon amitié!

CLUCHET.

Ah! de son désespoir ayez quelque pitié;
Il se repent, il voit son erreur, sa folie.

DUCROISY.

S'il reconnaît sa faute, aisément je l'oublie.

DOGARD.

O ciel!

DUCROISY.

Faisons la paix, et donnez-moi la main.

DOGARD.

Mes torts....

DUCROISY.

De tout cela nous parlerons demain.

DOGARD.

Quel cœur! Ah! se peut-il que j'aie été capable....

DUCROISY.

L'ami qui se repent n'a point été coupable.

~~~~~~~~~~~~~~~~~~~~~~~~~~~~~~~~~~

Les précédents, BAUDRICOUR.

BAUDRICOUR.

Monsieur de Montanclos; peux-tu le recevoir?

DUCROISY.

Allez, Dogard; demain vous reviendrez me voir. Allez.

CLUCHET, à Dogard.

Un tel accueil dissipe tes alarmes?

DOGARD.

Ah! Cluchet, sa bonté m'a touché jusqu'aux larmes.

(Cluchet et Dogard sortent.)

DUCROISY, à Baudricour.

Fais entrer, et reviens. Il va m'importuner....
J'aurai probablement quelque ordre à te donner.

BAUDRICOUR.

Il suffit.

(Il sort.)

DUCROISY, seul.

Oui, Dogard mérite l'indulgence.
Son repentir devait désarmer ma vengeance;
Car il n'est pas à craindre, et j'ai besoin de lui.

~~~~~~

DUCROISY, MONTANCLOS, BAUDRICOUR.

(Baudricour va s'asseoir devant une table couverte de papiers.)

MONTANCLOS.

Je puis donc jusqu'à vous parvenir aujourd'hui !

DUCROISY.

Vous m'avez fait, monsieur, demander audience;
J'écoute.

MONTANCLOS.

Permettez qu'en toute confiance
Je m'explique avec vous.

DUCROISY.

Ne perdons pas de temps.

MONTANCLOS.

Mes services, je crois, sont assez éclatants :
La France, grâce à nous, des Rois est affranchie;
J'ai lutté dans vos rangs contre la monarchie;
J'ai partagé vos vœux, vos efforts, vos complots.
Vous le savez.

DUCROISY.

Au fait, citoyen Montanclos.

PARTIE IV, SCÈNE III.

MONTANCLOS.

Le pays me doit moins encore que vous-même.
Quand la Chambre en vos mains mit le pouvoir suprême,
Certes, mon influence, en cette occasion,
Ne fut point inutile à votre élection.

DUCROISY.

Ah! terminez, de grâce, un si long préambule.

MONTANCLOS.

Voilà ce que j'ai fait. Confiant et crédule,
J'espérais, lorsqu'enfin vous êtes tout-puissant,
Que je vous trouverais un peu reconnaissant;
Et que des Rois déchus vous livrant l'héritage,
Quelques honneurs, du moins, deviendraient mon partage...
Mais non! vous gouvernez, votre but est rempli;
Et moi, vous me laissez dans un honteux oubli.
Ma profonde douleur ne peut plus se contraindre,
Et de vous, franchement, à vous je viens me plaindre.

DUCROISY.

Ce reproche direct ne saurait m'irriter;
J'aime votre franchise, et je veux l'imiter.
Vous avez au pays rendu de grands services,
Dites-vous; et, de plus, c'est par vos bons offices
Qu'en ma faveur la Chambre a réuni ses voix;
Vous m'avez fait monter au rang où je me vois....
Eh bien, soit; j'en conviens, si cela peut vous plaire.
Mais, selon vous, vos soins méritent un salaire;
Ils vous donnent des droits aux honneurs, au pouvoir.
Où sont-ils donc ces droits que vous croyez avoir?
Votre but était-il de servir la patrie?
Renvoyé par le Roi, votre âme était aigrie;

Et vous êtes venu nous offrir votre appui,
Non par zèle pour nous, mais par haine pour lui.
Quand nous avons tous deux marché d'intelligence,
J'aspirais au pouvoir, vous cherchiez la vengeance;
Nul autre sentiment n'entraîna votre cœur.
Le trône est renversé, le pays est vainqueur,
Nous devons être alors satisfaits l'un et l'autre;
J'ai recueilli ma part, vous avez eu la vôtre :
Si je suis Dictateur, Philibert n'est plus Roi,
Et vous avez atteint votre but comme moi.
La chute du monarque est votre récompense.

MONTANCLOS.

D'être reconnaissant ainsi l'on se dispense.
Qu'importe le motif qui m'a mis dans vos rangs?
Vos discours autrefois étaient bien différents!
Quand on me croit utile, on me flatte, on m'accueille....

DUCROISY.

Finissons! Vous venez quêter un portefeuille,
Et je vous le refuse.

MONTANCLOS.

Est-ce là le retour...?

DUCROISY.

Le moment est venu de parler sans détour :
Vous avez des talents et de l'expérience;
Mais vous ne m'inspirez aucune confiance.
Votre cœur est ingrat, il ne sait que haïr;
Et qui trahit son Roi pourrait bien me trahi

MONTANCLOS.

Monsieur!...

DUCROISY.

Plus clairement faut-il que je m'explique?

Vous ne convenez pas dans une république.
Je comprends que des Rois aient pu vous employer,
Qu'ils aient tardé longtemps même à vous renvoyer;
La morale des Cours est toujours indulgente :
Mais une république est sévère, exigeante,
Et les moindres agents de son autorité
Doivent avoir des mœurs et de la probité.
Vous m'entendez, je pense.

MONTANCLOS.

Ah! d'un pareil outrage....

DUCROISY.

Plus bas!

MONTANCLOS.

Me croyez-vous sans force et sans courage?
Oubliez-vous sitôt les leçons du passé?
Plus grand que vous tomba pour m'avoir offensé.
J'ai du crédit encore, un nom, de la fortune,
Et je puis, secondant Grichard à la tribune,
Exerçant sur la Chambre un utile ascendant....

DUCROISY.

Des menaces? à moi?... Vous n'êtes pas prudent,
Monsieur le comte.

MONTANCLOS.

Mais....

DUCROISY.

Il suffit.

MONTANCLOS.

Oui.... peut-être....
D'un premier mouvement je n'ai pas été maître;
Mais soyez assuré....

DUCROISY.

Monsieur, il est trop tard;
Vos réparations....

UN HUISSIER.

Le citoyen Grichard.

DUCROISY, à l'huissier.

Attendez un moment.

MONTANCLOS.

Grichard? Je me retire.

DUCROISY.

Non.... il me reste encor quelque chose à vous dire.

MONTANCLOS.

Quoi! vos soupçons....

DUCROISY.

Je veux en avoir le cœur net.
Baudricour!

BAUDRICOUR.

Me voici.

DUCROISY.

Viens. Dans ton cabinet
Conduis monsieur le comte, et tiens-lui compagnie.
(Bas.)
Tu me comprends?

BAUDRICOUR.

Très-bien.

MONTANCLOS, à part.

Cette froide ironie
M'inquiète.

DUCROISY, bas à Baudricour.

Avertis aussi le commandant.

(A Montanclos.)
Je suis à vous d'abord. Allez donc.

MONTANCLOS.

Cependant....

DUCROISY.

Lorsque je sonnerai, vous reviendrez ensemble.
(A l'huissier.)
Faites entrer Grichard.

MONTANCLOS.

Permettez.... il me semble....

DUCROISY.

Allez. Nous reprendrons bientôt cet entretien.

BAUDRICOUR, à Montanclos.

Monsieur, si vous voulez me suivre....

MONTANCLOS.

Il le faut bien!

DUCROISY, seul.

Grichard!... Non, tout espoir n'est pas perdu peut-être.
Le ramener à moi serait un coup de maître!....
Dans la Chambre sa voix n'a pas trouvé d'appui;
L'ambition encore a tout pouvoir sur lui
Sans doute, et.... le voici!

DUCROISY, VICTOR GRICHARD.

DUCROISY.

Que vient-on de m'apprendre,
Victor? Votre conduite a lieu de me surprendre.

Vous, sur qui je comptais entre tous mes amis,
Vous, que depuis trois ans je traite comme un fils,
Vous enfin, dont j'ai mis les talents en lumière,
A qui je viens d'ouvrir une vaste carrière;
Sans que rien de ma part ait pu vous provoquer,
Abjurant nos liens, vous osez m'attaquer!
Votre cœur loin de moi tout à coup vous entraîne!
Sur moi vous appelez le mépris et la haine!
Ah! tous vos souvenirs sont-ils donc effacés?...
Qui puis-je aimer encor si vous me trahissez?

VICTOR.

Déjà de mes efforts on vous a rendu compte,
Je le vois; n'attendez ni repentir, ni honte :
Je soutiens votre aspect sans en être troublé.
A la Chambre, monsieur, contre vous j'ai parlé;
J'ai dénoncé le joug qui pèse sur la France.
Oui, j'avais mis en vous toute mon espérance;
Trois ans à vous complaire on me vit occupé;
J'admirais vos vertus.... et vous m'avez trompé!
Dictateur, vous cessez enfin de vous contraindre;
Tous ceux qui vous aimaient sont réduits à vous craindre;
Seule à votre faveur la bassesse a des droits;
Vos actes violents font regretter les Rois!...
Que dis-je? à votre nom les gens de bien pâlissent;
Par vos ordres déjà les cachots se remplissent;
Vous voulez un pouvoir fondé sur la terreur.
Ma confiance en vous fut une longue erreur;
Je l'abjure. J'engage une imprudente lutte,
Et je cours à ma perte en pressant votre chute
Je le sais; mais par moi le chemin est tracé :

D'autres achèveront ce que j'ai commencé.
DUCROISY.
Je ne m'offense pas de ces plaintes amères.
D'un esprit jeune encore, oui, voilà les chimères :
Humanité! clémence! et la moindre rigueur,
Dût-elle nous sauver, révolte votre cœur.
Croyez-moi, la pitié bien souvent est funeste.
Ces rigueurs, comme vous, Victor, je les déteste,
J'en gémis comme vous; je cède malgré moi
A la nécessité qui m'en fait une loi.
Mais quand de toutes parts nos ennemis conspirent,
A rétablir les Rois quand leurs fureurs aspirent,
Sauver la République est mon premier devoir.
Pour atteindre leur but, pour rentrer au pouvoir,
Moins scrupuleux que vous, tout leur est légitime :
Songez qu'un peuple entier deviendrait leur victime.
Enfin, plus d'autre choix : notre perte ou la leur.
Et vous, vous qui pour eux montrez tant de chaleur,
Vous, qui sur leurs complots appelez l'indulgence,
Vous seriez le premier à sentir leur vengeance.
VICTOR.
Épargnez-vous, monsieur, d'inutiles discours;
A la feinte avec moi cessez d'avoir recours :
Ces prétendus complots sont votre propre ouvrage.
Ainsi vous proscrivez ceux qui vous font ombrage;
La peur vous rend cruel. Tout est dit entre nous,
Et mon cœur pour jamais s'est détaché de vous.
DUCROISY.
Oui, la reconnaissance en effet importune;
Vous l'avez déposée au pied de la tribune.

A la Chambre, il est vrai, moi seul vous ai porté;
Mais on peut être ingrat quand on est Député.

VICTOR.

De vos bienfaits, monsieur, j'ai gardé la mémoire.
Mais tout ce que je vois pourrait me faire croire
Qu'en me tendant la main, ainsi qu'à mes amis,
Vous cherchiez des agents à vos ordres soumis.
Du trône dans nos cœurs vous attisiez la haine,
Vous nous encouragiez à briser notre chaîne,
Et nous parlant au nom des publics intérêts,
Vous nous faisiez servir à vos desseins secrets.
Voilà de vos bontés la véritable cause :
Mais au fait, à vos yeux nous étions peu de chose.

DUCROISY.

De l'égoïsme? moi?... Vous devez le savoir,
Déjà tous nos amis ont part à mon pouvoir;
Ils recueillent le prix d'une amitié constante;
Ce que j'ai fait pour eux a passé leur attente.
Dogard seul jusqu'ici se tenait éloigné;
Vous êtes son oracle, et vous l'aviez gagné :
Sur vos pas, il mettait sa gloire à me déplaire;
Mais il revient à moi, la vérité l'éclaire....

VICTOR.

Dogard?

DUCROISY.

Je l'ai trouvé docile, repentant.

VICTOR.

Lui? ce matin encore....

DUCROISY.

Il me quitte à l'instant.

VICTOR.

Quoi!. Dogard?... se peut-il? que faut-il que je pense?

DUCROISY.

Ce noble repentir aura sa récompense :
Le chemin des honneurs se rouvre devant lui.

VICTOR.

Dogard!

DUCROISY.

Vous voilà seul ; vous restez sans appui ;
Votre ami le plus cher vous délaisse et vous blâme.
Ah! que cet abandon éclaire enfin votre âme!
Qu'il vous soit en ce jour un avertissement!
Ne vous obstinez pas dans votre aveuglement ;
D'un espoir qui vous fuit abandonnez la trace ;
Dans le monde réel reprenez votre place.
Voulez-vous, pour courir à des malheurs certains,
Déserter votre gloire et tromper vos destins?
N'en doutez pas, pour vous je suis prêt à tout faire;
Quels que soient vos désirs, je puis les satisfaire :
Ne mettez nulle borne à votre ambition.
Vos projets insensés, votre opposition
Ne vous promettent rien qu'un avenir sinistre....
Eh bien! dites un mot.... et je vous fais Ministre.

VICTOR.

Vous me craignez donc bien?

DUCROISY.

Moi, vous craindre, Victor?...
Non ; j'ai pitié de vous.... et je vous aime encor ;
Mon ancienne bonté vous est encor propice ;
Je veux vous arrêter au bord du précipice.

Car dans la Chambre enfin sachez que votre voix
Ne me bravera pas une seconde fois.
Certes, de vos projets la misérable intrigue
Est sans danger pour moi; mais elle me fatigue :
Je me lasse aux discours d'un insolent tribun,
Comme aux bourdonnements d'un insecte importun.
Songez-y bien, il est un terme à l'indulgence :
Acceptez mon pardon, ou craignez ma vengeance....
Plus d'explications, je n'écoute plus rien;
Il est temps de finir ce pénible entretien :
Rien qu'un seul mot, un seul, est ici nécessaire.
Répondez; voulez-vous être mon adversaire,
Ou mon ami? Parlez.

VICTOR.

Mon choix n'est pas douteux.
Votre ami?... Maintenant c'est un titre honteux.

DUCROISY.

Malheureux! savez-vous ce que vous osez dire?
Ah! vous paîrez bien cher ce coupable délire!
C'est votre arrêt qu'ici vous avez prononcé;
L'instant de la clémence est désormais passé.
Tremblez! j'ai le pouvoir.... j'en saurai faire usage.

VICTOR.

Vous quittez donc le masque! on voit votre visage
Enfin!

DUCROISY.

Oui, connais-moi, ma haine est sans pitié!

VICTOR.

J'accepte votre haine et non votre amitié!

DUCROISY.

Eh bien! soit.... il faut donc punir tant d'insolence!
(Il sonne.)

~~~~~~~~~~~~~~~~~~~~~~~~~~~~~~~~~~~~

Les précédents, MONTANCLOS, BAUDRICOUR,
LE COMMANDANT.

MONTANCLOS.

Citoyen Dictateur, si mes discours....

DUCROISY.

Silence!
Vos excuses ici ne sont plus de saison.
Commandant, conduisez ces messieurs en prison.

MONTANCLOS.

En prison? nous? O ciel!.. non, il n'est pas possible!..
A notre repentir serez-vous inflexible?
Ah! désormais tous deux prêts à suivre vos pas....

VICTOR.

Parlez pour vous, monsieur, ne m'avilissez pas.

DUCROISY, au Commandant.

Exécutez mon ordre.

VICTOR.

Ainsi vous voilà maître!
Le peuple vous adore!... et moi, je suis un traître;
Je vais sur mon passage exciter ses fureurs!...
Ah! c'est le juste prix de mes longues erreurs :
J'ai voulu le désordre, et j'en porte la peine!
Mais vous, esprit fatal de vengeance et de haine,
Vous ne jouirez pas de vos affreux succès;

Vous n'avez pas longtemps à tromper les Français.
Le peuple, revenu de l'erreur qui l'emporte,
Se vengera sur vous de l'amour qu'il vous porte.
Et, croyez-moi, ce jour....

DUCROISY.

Qu'on entraîne leurs pas.

VICTOR.

Ce jour luira bientôt.

DUCROISY.

Vous ne le verrez pas.

FIN.

www.ingramcontent.com/pod-product-compliance
Lightning Source LLC
Chambersburg PA
CBHW050421170426
43201CB00008B/485